MARIUS VACHON

HOTEL DE VILLE

DE

PARIS

1533

L'ANCIEN HOTEL DE VILLE

DE PARIS

OUVRAGE PUBLIÉ SOUS LE PATRONAGE ET AVEC LE CONCOURS

DU

CONSEIL MUNICIPAL DE PARIS

(Délibération du conseil municipal en date du 6 août 1881.)

MARIUS VACHON

L'ANCIEN
HOTEL DE VILLE

DE

PARIS

1533-1871

PARIS

A. QUANTIN, IMPRIMEUR-ÉDITEUR

7, RUE SAINT-BENOÎT

1882

CATALOGUE

DES

REPRODUCTIONS DES ŒUVRES D'ART

124 GRAVURES DONT 23 HORS TEXTE

LE ... EN 1870

INTRODUCTION

Quels souvenirs évoque à l'esprit ce nom populaire : l'Hôtel de Ville de Paris ! Pendant cinq siècles, il apparaît à toutes les pages de l'histoire nationale, expression, symbole éclatant de patriotisme, de liberté et de progrès. L'Hôtel de Ville, c'est le palais et la forteresse du peuple ; il tient là ses assises de gloire et de justice ; il s'y retranche pour défendre ses droits civiques et ses conquêtes libérales. Il en sort pour jeter bas des trônes, ou pour marcher à la frontière contre l'ennemi. L'Hôtel de Ville, c'est le cœur et la tête de la grande cité, sublime dans ses héroïsmes, terrible dans ses explosions de colère, dans ses affolements de terreur.

Né d'une révolution du peuple contre la royauté, grandis-

sant à chaque période de la prospérité et de l'extension de
Paris, l'Hôtel de Ville en devient pour ainsi dire la personnifica-
tion vivante ; chaque pierre ajoutée au monument est le testimonial d'une liberté ou d'une gloire nouvelle. Son fondateur a
nom Étienne Marcel, le grand prévôt des marchands du XIVe siècle.
La Renaissance française, cette efflorescence du génie national, le
rebâtit, lui donne une forme en harmonie avec le caractère
brillant et pittoresque de cette grande époque. La Révolution
entreprend de l'agrandir et c'est la seconde Renaissance, celle du
XIXe siècle, qui exécute ce vaste projet ; respectueuse du passé, elle
enchâsse religieusement dans les constructions nouvelles l'œuvre
primitive, sans en altérer le caractère ni la beauté. Et lorsqu'il disparaît, c'est emporté dans la plus terrible des tour-
mentes révolutionnaires. La Commune de 1871 en fait un
brasier gigantesque pour éclairer la nuit sinistre de ses funé-
railles. Tout est grandiose dans l'histoire de l'Hôtel de Ville
de Paris.

La troisième République le reconstruit ; le vieil édifice municipal renaît de ses ruines, dans sa forme primitive légèrement
modifiée, aussi fier, aussi imposant qu'autrefois, et entouré,
comme d'une couronne de gloire, des images vénérées des
ancêtres et des illustrations de la cité. Dans quelque temps il
sera achevé et inauguré. Nos plus grands artistes, à l'appel de la
municipalité, le décoreront, couvriront ses murailles des œuvres
de leur génie et de leur talent. En présence de cette résurrection
éclatante, nos fils pourront avoir l'illusion du passé et croire que
le vieux monument parisien n'a point été détruit. Mais si le pré-

sent, plein de prospérité et d'apaisement social, doit faire l'oubli ou tout au moins le silence sur les événements douloureux de 1871, l'histoire a le devoir de ne point laisser disparaître le souvenir des chefs-d'œuvre dont l'art français avait orné l'Hôtel de Ville. Il y avait là des peintures d'Ingres, de Delacroix, véritables productions de génie, dont la destruction est un désastre pour l'humanité ; l'école contemporaine y avait exécuté des travaux considérables, qui formaient quelques-uns de ses titres les plus sérieux à la gloire.

C'est dans le but patriotique de conserver les vestiges documentaires de la décoration artistique de l'ancien Hôtel de Ville de Paris, que nous avons entrepris cet ouvrage.

Nous avons consacré plusieurs années à rechercher, à réunir toutes les esquisses, tous les dessins des peintures et sculptures qui s'y trouvaient, tous les renseignements historiques sur ces œuvres et sur leurs auteurs ; nous pouvons ainsi donner, à très peu d'exceptions près, une reproduction fidèle des éléments de cette décoration merveilleuse.

L'histoire politique et administrative de l'Hôtel de Ville de Paris a été écrite d'une manière complète par Leroux de Lincy. Nous nous sommes préoccupé exclusivement de son histoire artistique. Nous avons, par une longue étude des dossiers des anciennes archives, heureusement sauvés de l'incendie, analysé tous les documents officiels relatifs aux commandes artistiques destinées à l'Hôtel de Ville, nous conformant sur ce point important au type adopté par la municipalité pour la publication des inventaires de ses richesses d'art.

Nous avons consacré de longues écritures aux archives, qui contenaient tant de trésors inappréciables pour l'histoire de la ville de Paris, à la Bibliothèque, pleine de livres d'un si grand prix et dans l'incendie de laquelle a péri, hélas ! la *Bible de Juvénal des Ursins,* cet incomparable monument de l'art du xvᵉ siècle.

Nous avons entrepris et poursuivi ce long travail avec l'espérance intime et l'orgueil patriotique qu'il ne serait peut-être point inutile à la gloire de l'art français et à celle de Paris. Il ne faut point que l'on puisse dire un jour du vieil Hôtel de Ville : *Etiam periere ruinæ.*

GRANDE GALERIE DES FÊTES, H. L.

L'ANCIEN

HOTEL DE VILLE

I

LA MAISON AUX PILIERS
L'ŒUVRE DE DOMINIQUE DE CORTONE

En 1357, Étienne Marcel était prévôt des marchands de la
ville de Paris. Son autorité dominait celle des États et celle du
Dauphin nommé régent du royaume, en raison de la captivité du
roi Jean, pris à la bataille de Poitiers par les Anglais. Le grand
bourgeois, le révolutionnaire audacieux, est tout-puissant ; il
songe à doter Paris d'une maison de ville, d'un édifice municipal, digne de la gloire et de l'importance de la cité. Le vieux
Parloir aux Bourgeois, de la rue Saint-Leufroy, la *marchandise,*
ne méritaient point de porter ce nom glorieux et fier d' « hostel
de ville ». Au mois de juillet de cette année-là, Étienne Marcel
et les échevins achètent, pour la somme de deux mille huit
cent quatre-vingts livres, à Jean d'Auxerre, receveur des gabelles

de la prévôté de Paris, une maison ou hôtel, « dict et appelé
Hostel au Dauphin, à deux pignons par devant, assis à Paris en
Grève, aboutant par derrière à la ruelle du Martroy de Saint-
Jehan en Grève et par devant à la place de Grève ». Cet hostel
au Dauphin, qui tirait sa dénomination de ce fait qu'il appartenait
autrefois au dauphin du Viennois, et à laquelle on substituait
fréquemment la dénomination plus ancienne de *Maison aux
Piliers,* fut le premier hôtel de ville de Paris, le siège officiel de
sa municipalité à la fin du xive siècle.

Dans ses *Antiquités de Paris,* Sauval nous a laissé une description sommaire de la *Maison aux Piliers.*

Pour ce qui est du bâtiment, c'etoit un petit logis qui consistoit en deux
pignons et qui tenoit à plusieurs maisons bourgeoises... Je ne m'amuserai point
à faire un long récit de tous ces appartemens ; il suffira de savoir qu'il y avoit
deux cours, un poulailler, des cuisines hautes et basses, grandes, petites, des étuves
ou bains, une chambre de parade, une autre appelée le *Plaidoyer,* une chapelle
lambrissée, une salle couverte d'ardoises, longue de cinq toises et large de trois,
avec plusieurs autres commodités. En 1430, il y avoit encore un grand grenier
pour l'artillerie. Mahiet ou Mathieu Biterne peignit la chambre qui tenoit au
bureau et l'embellit, à la façon du temps, de fleurs de lys et de rosiers entremeslés
et rehaussés des armes de France et de la ville.

L'année suivante, le successeur d'Étienne Marcel à la prévôté des marchands, Cuddoé, faisait, en raison de l'extension
des services de la municipalité, l'acquisition d'une maison voi-
sine, qui formait le coin de la Grève du côté de l'église Saint-
Jean.

Pendant le cours de l'année 1470, et postérieurement, d'après
les comptes originaux de l'hôtel de ville consultés par Leroux de
Lincy, il fut fait des réparations importantes à la Maison des
Piliers. L'on s'aperçut bientôt qu'elle menaçait ruine, et que,
de plus, elle était devenue tout à fait insuffisante. Le prévôt et
les échevins résolurent alors de faire bâtir un nouvel hôtel de

HÔTEL DE VILLE EN 1583, D'APRÈS LE DESSIN DE CELLIER.

ville plus spacieux et plus monumental. Le 13 novembre 1529, dans une assemblée du bureau de la ville présidée par le prévôt des marchands, Gaillart Spifane, les magistrats municipaux en manifestèrent le désir au gouverneur de Paris. Ils lui remontrèrent, en outre, que « plusieurs maisons avoisinant l'ancienne Maison aux Piliers seroient grandement nécessaires » pour ériger leur nouvelle construction ; qu'on ne pouvait s'entendre avec les propriétaires de ces maisons, parce qu'il y avait plus de « cinquante particuliers y prétendans ». En conséquence, le gouverneur était prié d'obtenir du roi des lettres patentes pour avoir « par justice lesdictes maisons, en les récompensant de leur juste valleur ». Le bureau de la ville décida, au mois de mars suivant, sans doute après que les lettres patentes du roi eurent été délivrées, que l'on offrirait aux propriétaires « maison pour maison, selon la prisée qui en seroit faite ». Il fit ces acquisitions, pour lesquelles la ville se vit condamner plus tard par le parlement à payer diverses rentes à des établissements religieux ou civils, entre autres trente-cinq livres tournois à la Sainte-Chapelle du Palais et un écu quarante sols tournois à l'hospice royal des Quinze-Vingts[1]. En vertu de l'autorisation du roi, on construisit donc, à partir de cette année 1530, des bâtiments dont faisaient partie, d'une manière incontestable, la façade sur la place de Grève, telle que l'a dessinée grossièrement Jacques Cellier, Rémois,

---

1. Ce ne fut pas tout : les propriétaires et administrateurs d'un petit hospice établi sous l'invocation du Saint-Esprit, sur le même plan que l'ancienne Maison aux Piliers, au fond de la place de Grève, prétendirent que l'érection du nouvel Hôtel de Ville devait leur porter préjudice, endommager leur chapelle, et les priver du profit qu'ils retiraient d'une maison en saillie, louée par eux à des particuliers; le 23 avril 1533, les magistrats municipaux obtinrent de François Ier des lettres patentes qui les autorisaient à l'achat de cette maison, moyennant un prix raisonnable déterminé par des experts. Un arrêt du parlement, rendu le 26 juillet de la même année, entérinait ces lettres patentes, mais avec des conditions favorables à l'hôpital du Saint-Esprit. Le prévôt des marchands et les échevins pouvaient acquérir la maison avoisinant l'hôpital et la démolir, mais à condition qu'ils feraient construire un arc de 27 à 28 pieds de hauteur sur 28 de largeur, qui serait appliqué à l'accroissement de la chapelle « dudict Sainct-Esprit, avec un portail en pierres de taille, en forme d'angle, pour l'entrée de ladicte chapelle, auquel portail sera mis la représentation de la Trinité enlevée en taille, en forme et manière que un chascun puisse cognoistre ledict lieu estre sacré et dédié au Sainct-Esprit ».

ainsi que les substructions et le rez-de-chaussée, utilisés postérieurement dans les bâtiments neufs sur la ruelle Saint-Jean et sur la rue du Martroy. « Dans ce dessin [1], dit Leroux de Lincy, — dont nous citons la description parce que ce texte est un argument en faveur de la thèse que nous soutiendrons plus loin de la fausse attribution de l'hôtel de ville de 1533 à Dominique de Cortone, — on remarque trois frontons de forme élevée qui semblent servir de couronnement à la partie gauche de cette façade, du côté du Saint-Esprit. Le premier, qui est le plus grand, surmonte la porte du Saint-Esprit; il est ouvert par cinq croisées circulaires; le second, un peu moins élevé, est traversé par une rosace et deux petites fenêtres, et surmonté d'une grosse fleur de lis; le troisième, enfin, se trouve immédiatement au-dessus de la porte d'entrée. Le manque de perspective du dessin de Jacques Cellier empêche de déterminer d'une manière précise la position de ces trois frontons; on doit supposer cependant qu'ils appartenaient aux constructions placées en arrière de la façade dépendant de l'hospice du Saint-Esprit, ou de l'ancien Hôtel de Ville. Le dessin de Cellier indique aussi une horloge appuyée au pavillon de la porte Saint-Jean, et maintenue à gauche par une console semblable à celles qui décorent le pavillon à ce premier étage. Toutes les parties de cette façade, telles qu'on les voyait à la fin du xvie siècle, existent encore aujourd'hui et peuvent être distinguées des parties qui ont été superposées. Un œil exercé remarquera facilement combien l'ornementation primitive l'emporte par la finesse et la délicatesse des détails, et l'on ne peut trop regretter que Boccador n'ait pas terminé l'œuvre qu'il avait si bien commencée. »

On ne tarda point sans doute, avant que les travaux fussent

[1]. La reproduction de ce dessin, qui accompagne le texte, n'est point conforme à la description de Leroux de Lincy. Ce document précieux ayant été brûlé dans l'incendie de l'Hôtel de Ville, nous n'avons eu à notre disposition pour le restituer que des gravures imparfaites où le caractère primitif du dessin de Jacques Cellier a dû être profondément altéré.

fort avancés, à reconnaître que les nouveaux bâtiments étaient insuffisants; ou bien le bureau de la ville, François Ier peut-être, ne furent-ils point satisfaits de l'œuvre de Dominique de Cortone. Quoi qu'il en soit de ces deux hypothèses, le prévôt des marchands et les échevins se préoccupèrent de modifier l'Hôtel de Ville sur des plans nouveaux. Comme il était d'usage, la question dût être portée devant le roi, qui acquiesce à la requête des magistrats municipaux et ordonne en conséquence que « l'hostel commun de ladicte ville de Paris soit élargi et reédiffié ». C'est évidemment à cette requête que se rapporte le document suivant, en date du 23 avril 1533 (Archives nationales), dont on trouvera le texte intégral aux annexes : « François, par la grâce de Dieu roy de France, à tous ceux qui ces présentes lettres verront, salut. Comme pour la décoration de nostre bonne ville de Paris, ville cappitalle de nostre royaulme, nous eussions *pieçà ordonné* à noz très chers et bien-amez les prevost des marchans et eschevins de nostre dicte ville, faire *croistre, eslargir, batir et reediffier* de nouveau l'Hostel commun d'icelle, en suivant laquelle ordonnance, ledict prevost des marchans et eschevins auroient faict faire ung portraict de la forme et devys du bastiment dudict Hostel, lequel ils nous auroient monstré, et l'ayant trouvé agréable, nous leur aurions *derechef* commandé y faire besongner en toute diligence; et pour ce que oultre les maisons qu'ils ont puis naguères acheptées *pour l'eslargissement dudict bastiment,* il leur est *encore besoing avoir et recouvrer* la saillye de l'église du Sainct-Esprit, qui est joignant la saillye dudict hostel, estant de largeur jusques au portail de ladicte église,... pour ces causes et autres à ce nous mouvans, avons permis et octroyé, permettons et octroyons, voullons et nous plaist qu'ilz puissent et leur loise prandre et appliquer audict bastiment et ediffice d'icelluy Hostel commun les saillyes et maisons ci-dessus declarez, specifiez et designez, etc., etc. »

La réédification de l'Hôtel de Ville dans des proportions plus considérables et dans des conditions artistiques qui, suivant l'expression de François Ier, devaient en faire « un édifice somptueux et des plus beaulx que l'on saiche », correspondait d'ailleurs à un ensemble de grands travaux d'édilité destinés à modifier complètement la physionomie de Paris, « la plus fameuse, populeuse et louable ville et cité, non seulement de nostre royaulme, ajoutait le roi, mais de toute la Chrestienté, et où affluent et viennent ordinairement gens et estrangers de toutes nations, les uns pour y demeurer et résider, les autres pour y traffiquer et marchander. » Clément Marot, chroniqueur et poète à la fois, rimait une fine épigramme *sur l'ordonnance que le roy fist de bastir à Paris avec proportion :*

> Le roy aimant la décoration
> De son Paris, entr'autre bien ordonne
> Qu'on y bâtisse avec proportion,
> Et pour ce faire argent et conseil donne.
> Maison de ville, y construit belle et bonne;
> Les lieux publics devise tous nouveaux.
> Entre lesquels, au milieu de Sorbonne
> Doit, ce dit-on, faire la place aux veaux.

SALON DE LA PAIX
Peinture de Delacroix.

Peinture de L. Benouville.

II

DOMINIQUE DE CORTONE ET PIERRE CHAMBIGES

L'histoire de la Renaissance française a été, jusqu'à la seconde moitié de ce siècle, écrite de la manière la plus bizarre et la plus erronée. Toutes les grandes œuvres architecturales, toutes les merveilles d'art dont elle a couvert notre pays, ont été attribuées presque exclusivement aux artistes italiens, que Charles VIII, Louis XII et François Ier avaient amenés ou appelés en France, au retour de leurs campagnes au delà des Alpes. Vignole avait bâti Chambord qui est de Trinqueau et de Jean Marchant; le Giocondo, Gaillon, l'œuvre collective de Guillaume Senault, Pierre Fain, Pierre Delorme, etc.; nous devions à Serlio Fontainebleau, Saint-Germain-en-Laye, dont les architectes sont Gilles le Breton et Pierre Chambiges. Les portes de Saint-Maclou, ce chef-d'œuvre de Jean Goujon, aussi dignes que les portes du Baptistère de

Florence de servir de portes au paradis, avaient été sculptées par Michel-Ange et apportées à Rouen par le diable! Tout était légende. La critique contemporaine, moins légère et moins crédule que ces historiens, dont le siège était toujours fait et qui se transmettaient ainsi la tradition du *panitalianisme,* de générations en générations, a fouillé courageusement les archives, compulsé, étudié avec science et perspicacité les documents originaux, inventaires, livres de comptes royaux, registres de municipalités, et a rendu à la France ce qui était à la France, c'est-à-dire presque tout, à l'Italie ce qui était à l'Italie, le reste, fort peu de chose. Elle a prouvé que, contrairement aux légendes, il avait existé une renaissance française, efflorescence éclatante du génie national, dont l'influence puissamment féconde avait eu une expansion dans toutes nos provinces qu'elle couvrait presque simultanément de chefs-d'œuvre incomparables, de monuments de tout genre, où l'originalité la plus vive, la fantaisie la plus charmante s'allient à une pureté antique de lignes, à une fierté majestueuse de formes. Chaque jour amène une restitution à l'art français; l'inventaire déjà considérable de ses merveilles s'accroît continuellement de quelque nouveau joyau. Nous avons l'ambition patriotique d'apporter une contribution aux travaux de nos illustres maîtres et devanciers, en entreprenant, sinon de résoudre, du moins de soulever une question nouvelle de fausse attribution, à propos d'une des plus belles créations de la Renaissance française, l'ancien Hôtel de Ville de Paris.

En 1533, le 15 juillet, écrivait le vieux chroniqueur Jacques du Breuil dans son *Théâtre des Antiquités de Paris,* fut posée[1] la première pierre du « nouveau bastiment de l'hostel de ville par messieurs maistre Pierre Viole, sieur d'Athis, conseiller du roy, nostre sire en sa cour du parlement à Paris, prévost des mar-

---

1. François Ier ne put assister à cette cérémonie. Il faisait avec la reine, dans le midi, le long voyage qui se termina par le mariage de son fils Henri avec Catherine de Médicis.

L'ARCADE SAINT-JEAN.

chans et maistres Gervais Larchier, Jacques Bourcier, Claude
Daniel et Jean Barthélemy, eschevins, lesquels avoient chascun
une truelle argentée pour prendre du mortier fait de sable et de
chaux. Sur laquelle pierre estoit une lame de cuivre, où estoient
gravées les armes du Roy et aux deux costez les armes de la ville
avec cet escrit : *Facta fuerunt hæc fundamenta anno Domini
M. D. XXXIII die 15 Iulii, sub Francisco primo, Francorum
Rege christianissimo, et Petro Viole, eiusdem Regis consiliario,
ac mercatorum huiusce civitatis Parrhisiæ, prefecto, ædilibus,
consulibus ac scabinis Cervasio Larchier, Jacobo Boursier, Claudio
Daniel et Joan. Bartholomæo.*

« Pendant que l'on faisoit l'assiette de cette pierre, sonnoient
les fiffres, tabourins, trompettes et clerons ; artillerie, cinquante
hacquebutes à crocq de la ville, avec les hacquebutiers d'icelle
ville qui sont en grand nombre. Et aussi sonnoient à carillon les
cloches de Saint-Jean-en-Grève, du Saint-Esprit et de Saint-
Jacques-de-la-Boucherie. Aussi au milieu de la Grève, il y avoit
vin défoncé, tables dressées, pain et vin pour donner à boire à
tous venans, en criant par le menu peuple à haute voix : Vive le
Roy et messieurs de la ville. Au-dessus de la grand'porte dudit
Hostel fut escrit en marbre ce qui s'ensuit. » Voici, d'après Gilles
Corrozet qui la donne plus complète que Jacques du Breuil, cette
inscription : SENATUI, POPULO, EQUITIBUSQUE PARISIEN. PIE DE SE
MERITIS, FRANCISCUS PRIMUS FRANCORUM REX POTENTISSIMUS HAS ÆDES
A FUNDAMENTIS EXTRUENDAS MANDAVIT, ACCURAVIT, CONGENDISQUE
PUBLICE CONSILIIS ET ADMINISTRANDÆ REPUBLICÆ DICAVIT. ANNO A
SALUTE CONDITA. M. D. XXXIII, IDIBUS JULII INCISUM M. D. XXXIII
IDIBUS SEPTEMBR. PETRO VIOLA PRÆFECTO DECURIONUM. CLAUDIO
DANIELLE, JOANNE BARTHOLOMÆO, MARTINO BRAGELONIO, JOANNE
CURTINO DECURIONIBUS. DOMINICO CORTONENSI ARCHITECTANTE.

Cette dernière partie de l'inscription forme le point de départ

de la légende qui a fait attribuer jusqu'à ce jour à Dominique de
Cortone l'Hôtel de Ville de Paris et plus particulièrement la
façade toujours dénommée populairement et historiquement, la
façade du Boccador. Cette attribution est-elle incontestable? Nous
ne le croyons point et nous espérons pouvoir démontrer par
l'analyse des rares documents relatifs à la construction de cet édifice qui nous ont été conservés, par une étude minutieuse des
anciens bâtiments, que l'Hôtel de Ville n'était point l'œuvre de
Dominique de Cortone.

Qui était ce Dominique de Cortone dont le nom figure dans
l'inscription précitée avec la qualification d'architecte? Dans les
Comptes des bâtiments royaux (archives de l'art français), nous
trouvons deux passages qui le concernent et dont voici le texte :

Dépenses de Charles VIII. — A Domenico de Courtonne, faiseur de chasteaulx et menuisier de tous ouvrages de menuiserie[1], à la raison de xx L. t. par
moys, valleur par an II^c xl. L. t.

Dépenses secrètes de François Ier. — Dominique de Courtonne architecte,
en don, la somme de neuf cens livres, pour le récompenser de plusieurs ouvrages
qu'il a faitz depuis quinze ans ençà, par l'ordonnance et commandement du Roy,
en patrons, en levées de boys, tant de la ville et chasteaulx de Tournay, Ardres,
Chambort, patrons de ponts à passer rivières, moulins à vent, à chevaulx et à
gens que pour autres ouvrages qu'il a faitz et fait faire depuis ledit temps pour
le service dudit seigneur où il a eu de grans pertes, et dont le Roy ne veult être
icy fait autre déclaration, cy. . . . . IXe l.

D'après ces documents, Dominique de Cortone, au nom duquel n'est point, comme on le voit, accolé le surnom de Boccador
ou Boccadoro, était donc depuis longtemps au service du roi, en

---

1. Il ne faut pas croire que ces expressions n'indiquent qu'un charpentier; *chasteaulx*, comme l'a
note Roquefort dans son *Glossaire*, signifie des
tours de bois employées dans les attaques; ce Dominique de Cortonne serait donc au moins un
ingenieur. Quant à ce nom de *menuisier*, il est
encore plus ici qu'ailleurs, synonyme de ces desi-
gnations de *lignaiulo* et de *lignatore*, que nous
trouvons dans les documents italiens appliqués à
certains architectes. On peut voir cette appellation
donnée au Cecca dans les documents cités par les
derniers éditeurs de Vasari. (*Archives de l'Art
français*, t. Ier, 1852, 1re série. — Note de M. Ana-
tole de Montaiglon)

double qualité d'architecte et d'ingénieur; il avait exécuté pour lui des travaux de diverses natures. Dans son *Abecedario,* Mariette le nomme Domenico Barnabei de Cortone, lui donne pour maître Julien de San-Gallo et le fait venir en France sous François Ier; ce qui est une erreur. D'après cet historien, il serait mort en 1549. Leroux de Lincy présume, sans aune preuve, que Dominique de Cortone a commencé les travaux de construction de l'église Saint-Eustache, dont la première pierre fut posée le 19 août 1530 par Jean de la Barre, prévôt des marchands. C'est à cela que se borne tout ce que l'on sait sur cet artiste; on ne connaît de lui, soit en Italie, soit en France, aucun monument dont la construction puisse lui être attribuée d'une manière précise et indiscutablement.

Le prévôt des marchands et les échevins avaient constaté que la vieille Maison des Piliers menaçait ruine et que, de plus, elle était devenue tout à fait insuffisante; ils songèrent, en 1529, à faire bâtir un nouvel hôtel de ville. En raison de l'urgence, ils donnèrent, comme on l'a vu, suite immédiate à leur décision. Il est évident, incontestable qu'à cette époque, antérieurement à 1533, l'on construisit de nouveaux bâtiments, à la fois en façade sur la place de Grève et sur la rue du Martroy du côté de la Seine. Un fait le prouve de la manière la plus plausible : lorsqu'en 1533, on posa la première pierre du nouvel hôtel de ville, l'inscription commémorative, celle où figure le nom de Dominique de Cortone, fut placée *sur la porte de l'Hostel ancien.* Or cet *Hostel ancien* n'était point antérieur au règne de François Ier, puisque, dans l'arc doubleau de la porte d'entrée, on a découvert en 1872, lors de la démolition des ruines, la *Salamandre* et le chiffre du roi; de plus, ces bâtiments nouveaux devaient présenter déjà un certain développement sur la rue du Martroy. Nous prouverons que l'on se servit plus tard de leur gros œuvre, dans certaines parties de l'Hôtel de Ville construit après 1533. On ne pourra nous objecter qu'il s'agissait là de quelques restes de la Maison des Piliers; ainsi qu'il résulte des documents précités, elle menaçait ruine dès 1470. Nous avons lu en outre dans les lettres patentes de François Ier au prévôt des marchands et aux eschevins, en date du 23 avril 1533 (Archives nationales) : « François, par la grace de Dieu roy de France, à tous ceulx qui ces présentes lettres verront, salut. Comme pour la décoration de notre bonne ville de Paris, ville cappitalle de nostre royaulme, nous eussions pieçà ordonné à noz très chers et bien-amez les prevost des marchans et eschevins de nostre dicte ville faire *croistre, eslargir, batir et reediffier de nouveau* l'hostel commun d'icelle... » Les termes d'*eslargir* et *reediffier de nouveau* ont ici une signification particulière qu'il importe de signaler, et qui confirme nos assertions. Dominique de Cortone n'était-il point simplement l'architecte de ces bâtiments et n'est-ce point exclusivement à ce titre qu'il porte sur l'inscription commémorative la qualité d'*architeclante,* à la suite des prévôt et échevins en exercice? Les *dessein* et plans de l'Hôtel de Ville de Paris, dont parle Sauval dans ses *Antiquités de la Ville de Paris* et à propos desquels il signale ce fait — dont nous n'avons pu trouver la justification dans les registres de la ville, — qu'ils furent payés à Dominique de Cortone 250 livres, ne sont-ils point ceux de ce premier édifice et non les plans du nouvel hôtel de ville commencé en 1533?

Sauval raconte que l'ordonnance du grand corps de logis ayant, en 1549, paru *gothique*[1], on réforma le *desseing antien* et que ce bâtiment depuis ne fut achevé que sur les *devis et élévations,* montrés à Henri II, à Saint-Germain-en-Laye. Ce *desseing antien* devait être celui de la façade construite, avant 1533, par Dominique de Cortone. On ne peut appliquer cette qualification

1. Ici l'expression de *gothique* ne doit pas être prise, sans doute, dans l'acception historique du terme; elle comporte simplement une intention d'appréciation dédaigneuse.

d'*antien* au *dessein* du nouvel hôtel de ville, en raison de ce fait indiscutable, que le pavillon gauche de la façade du côté de l'église du Saint-Esprit, construit bien postérieurement à cet incident, avait une physionomie absolument semblable à celle du pavillon

A : place de l'arc doubleau ; B : porte d'entrée.

C : trace de la dalle en marbre.

ARC DOUBLEAU DE LA PORTE D'ENTRÉE.

de droite du côté de la Seine, achevé en 1542 ; or l'incident du *dessein gothique* est de 1549. C'est donc sans contredit exclusivement la partie construite, avant 1533, par Dominique de Cortone que l'on dut, en 1549, modifier radicalement pour la mettre en harmonie avec les autres parties du monument neuf, qui n'étaient pas de lui.

A ce propos nous lisons dans l'ouvrage de Leroux de Lincy,

sur l'histoire administrative et politique de l'Hôtel de Ville, les lignes suivantes : « Je n'ai cru devoir répéter après tous les compilateurs qui ont écrit sur la ville de Paris que le monument commencé sous François Ier, ayant paru trop *gothique* sous Henri II, fut renversé et recommencé de nouveau. Tout prouve au contraire que le plan de Boccador, modifié peut-être dans quelques-unes de ses parties, *fut toujours suivi dans l'ordonnance du monument*. Si une résolution aussi violente avait été prise, les registres de l'Hôtel de Ville en auraient fait mention. Comme preuve que le dessin de Boccador a toujours été suivi, je ne citerai que cette phrase, déjà rapportée plus haut, que les maîtres des œuvres Pierre Guillain et Charles Marchand indiquaient les formes de la charpente et du toit, suivant le dessin en parchemin qui leur avait été montré, et cela le 16 février 1607. » L'argumentation de Leroux de Lincy est d'une singulière faiblesse et facilement réfutable. — 1° Il n'est point exact que le monument ait été renversé et recommencé sous le règne de Henri II, puisque l'on a retrouvé en 1872, comme nous le disons plus haut, dans l'arc doubleau de la porte d'entrée du milieu le chiffre et les armoiries de François Ier; la décoration des piliers et colonnes du rez-de-chaussée seule a été modifiée; 2° conclure que l'on n'ait pu modifier l'ordonnance du monument, de ce fait que l'on avait montré, en février 1607, à des maîtres des œuvres un dessin en parchemin, lequel dessin avait déjà été soumis à l'approbation de Henri II en 1549, nous paraît d'une logique fort bizarre; 3° tout en commettant une pétition de principes et en faisant erreur sur la question de personne, Leroux de Lincy nous fournit lui-même un argument en faveur de notre thèse, en constatant que le plan, modifié peut-être dans quelques-unes de ses parties, fut toujours suivi dans l'ordonnance du monument. D'autre part, Leroux de Lincy consacre incidemment à cette même question le paragraphe qui suit : « Le bâtiment sur la rue du Martroy, paral-

lèle au cours de la Seine, fut construit dans l'intervalle des
années 1539 à 1542, c'est-à-dire une année après celui de la
ruelle Saint-Jean. Dans ce corps de bâtiment était placé un
escalier qui fut jusqu'à nos jours le plus important de l'Hôtel
de Ville et qui est encore très remarquable aujourd'hui. Cet
escalier se présente à la droite du portique d'entrée de la cour
d'honneur et conduit en deux révolutions droites retournant sur
elles-mêmes, au premier étage. Les voûtes en pierre, les parties
rampantes, de forme surbaissée, les plafonds des paliers intermédiaires, *rappellent dans leur ensemble l'époque des portiques environnant la cour.* C'est bien la même finesse de sculpture sur
des caissons de formes variées; mais cet esprit d'architecture
change complètement dans la décoration du palier du premier
étage, dont la voûte est soutenue par des arcs d'une forme
plus lourde. *Ces arcs appartiennent à une époque antérieure aux
autres parties de l'escalier.* Cette ornementation ne semble pas
être faite pour être vue de si près et la valeur des moulures exi-
gerait une plus grande élévation. *Ce genre d'architecture appartient à l'époque du monument primitif et devait concourir à un
ensemble qui depuis lors aura été modifié.* » Voilà certes un aveu
fort précieux et qui est en contradiction singulière avec les pré-
cédentes affirmations de l'historien. Leroux de Lincy a raison en
effet de déclarer : 1° que ce genre d'architecture appartient à
l'époque du monument primitif et devait concourir à un ensemble
qui depuis lors a été modifié; 2° que les parties de l'escalier rappellent l'époque des portiques environnant la cour. Ces arcs,
d'une forme plus lourde, appartenaient à l'œuvre primitive, celle
de Dominique de Cortone. L'architecte du nouvel Hôtel de Ville
a trouvé là ces bâtiments, ne présentant qu'un seul étage, comme
le montre le dessin de Cellier; il a dû les utiliser, très vraisemblablement, en vertu d'ordres du bureau de la ville obligé
de faire des économies, pressé d'avoir des locaux pour l'admi-

nistration ; — et ce malgré la différence de style et de dispositions
architecturales, ce qui explique d'ailleurs la nécessité où l'on
fut en 1608, pour mettre de l'harmonie entre toutes les parties
extérieures de l'édifice et surtout sur la façade de la place de
Grève, de remplacer les colonnes dépouillées de tout ornement
qui soutenaient le premier étage, par d'autres colonnes semblables à celles qui ornaient déjà le grand pavillon droit du
côté de la Seine [1].

Des termes mêmes du texte de Leroux de Lincy, toute cette
partie de l'édifice rappelait « l'époque des portiques environnant la cour », qui n'appartenaient point, cela est indiscutable,
au plan de Dominique de Cortone. Il y avait ainsi unité absolue
entre toutes les parties de l'œuvre nouvelle, et si l'on a dû modifier aussi sensiblement la construction de l'artiste italien, c'est
qu'elle n'était point en harmonie avec celle-là.

Enfin comme dernier argument, argument *ad hominem,* en
faveur de notre thèse, nous signalerons cette particularité pi-
quante que nous relevons dans un des rares documents, où figure
le nom de Dominique de Cortone :

« Du vendredy XIXe jour de juing audit an M. Ve XXXIV.

« Cedit jour, mondit sieur le prevost des marchans a remon-
stré à Me Pierre Sambiches, Jacques Arasse, Jehan Asselin, Loys
Caqueton et *Dominique de Courtonne* qu'ils facent desorenavant

[1]. (Reg. de la Ville, XVIIe; II, 1791; fol. 307 v°.)
Du mercredy, treiziesme jour de febvrier, mil six cens huict.
Le dict jour, messieurs les prevost des marchans
et eschevins de la ville de Paris, et en la présence
de Pierre Guillain, maistre des œuvres de maçonnerie de la dicte ville, ont faict marché avec Marin
de la Vallee, juré du roy en l'office de maçonnerie
et entrepreneur des bastimens de l'Hostel de la
dicte ville, lequel a promis aus dietz sieurs de
leur livrer et fournir la pierre de taille de douze
coulonnes canelees et sizelees, qui restent à faire
sur le devant du pan du mur dudict Hostel de
Ville, du costé de la Grève. Et sera, la pierre de
Torcy, plus dure que la pierre des deux coulonnes
qu'il a cy-devant taillées, et qui sont en place, et
lesquelles coulonnes ne seront que de deux pièces
seullement, et scizelees et canelées conformément
aux dictes deux qui sont en place, et promis de
garantir les dictes coulonnes de ne se gaster et de-
perir de la lune, soleil, gelées et aultres incom-
moditez, fors et exceptez du tonnerre et aultres
furies qui pourroient arriver du ciel.

plus grande dilligence, d'avoir egard sur les ouvriers besongnant au faict de l'édiffice et bastiment de l'Hostel *neuf* de ville et qu'ils ne voisent disner ensemblement; à ce que partie d'eulx soient ordinairement pour avoir resgard sur touz lesditz ouvriers, si tous ensemblement ne peuvent estre. » Comment le nom de Dominique de Cortone se trouve-t-il ainsi placé le dernier, dans une énumération officielle? S'il eût été l'architecte du nouvel Hôtel de Ville, aurait-il jamais accepté une classification aussi modeste, irrégulière, blessante même pour son amour-propre d'artiste, de chef des travaux et d'Italien? Aurait-il ainsi consenti, pour surveiller ses ouvriers, à se priver de dîner suivant son bon plaisir, à s'astreindre à un règlement administratif très sévère, en compagnie de ses subordonnés? Les artistes italiens sous Charles VIII, Louis XII et François Ier n'avaient guère habitué leurs compagnons français à autant de modestie, de simplicité et de camaraderie. Il suffit, pour s'en rendre compte, de lire les *Mémoires* de Serlio, de Benvenuto Cellini, etc. En considération de ce fait, il est donc logique d'admettre que Dominique de Cortone faisait simplement partie du personnel des travaux du nouvel Hôtel de Ville, comme inspecteur ou maître de quelques-unes des œuvres, soit de maçonnerie, de charpenterie ou de menuiserie. Nous l'avons dit plus haut, l'artiste italien était à la fois, comme la plupart de ses compatriotes, architecte, ingénieur et menuisier (lignaiulo).

Dans la délibération susmentionnée, le premier nom qui figure sur cette liste d'« hommes de mestier » est Pierre Sambiches, (Chambiges). Ne serait-ce point là le nom de l'architecte du nouvel Hôtel de Ville que nous ignorons? Qui était ce Chambiges dont le nom n'est pas très familier? un émule de Philibert Delorme, de Pierre Lescot, de Jean Bullant, de Trinqueau, un de ces grands artistes de la Renaissance française, ignorés, méconnus jusqu'à ce jour, et qui ont créé tant de chefs-d'œuvre, attribués indûment aux artistes italiens immigrés en France. Il appartenait à une famille d'architectes qui a marqué sa place très honorablement dans l'histoire de l'art français, au XVIᵉ siècle.

Quatre membres de cette famille, dit le savant Berty dans son *Histoire des principaux architectes français de la Renaissance,* nous sont plus ou moins connus. Le premier, Martin Cambiche, qui était Parisien, commença avec Jean Vast vers l'an 1500 le transept de la cathédrale de Beauvais. En 1506, moyennant quarante sous par semaine, un pain de prébende par jour et le payement du loyer de sa chambre, il accepta la direction des travaux de la façade de la cathédrale de Troyes et continua ces fonctions jusqu'au 8 juin 1519.

Le second des Chambiges est celui sur lequel nous avons recueilli le plus de renseignements : il était maître des œuvres et du pavé de la ville de Paris. Les registres du corps municipal nous ont appris que le 27 juin 1536 il visita les fortifications avec un autre maçon, Pierre Moreau, et en compagnie du prévôt des marchands et des échevins. Sauval rapporte qu'il gagnait vingt-cinq sous par jour à conduire les ouvriers sous la direction de Dominique de Cortone, lors de la réédification de l'Hôtel de Ville et cite un compte du domaine de Paris, pour l'année 1538-1539 où on lit : « Mᵉ Pierre Chambiges, maistre des œuvres du Roy au bailliage de Senlis pour les formes et portraicts (plans), que le Roy a commandé lui faire de certains bastiments que ledit seigneur entend et délibère en son hostel ès environs de Nesles à Paris pour la fondation du collège des Trois Langues. » On voit par les comptes des bâtiments royaux que vers 1540 il faisait des travaux à Fontainebleau et à Saint-Germain-en-Laye; puis que le 22 mars 1541 il passa avec les trésoriers de France un marché pour les ouvrages de maçonnerie du château de la Muette. Il avait une parente appelée Perette qui mourut en septembre 1549 et avait épousé Guillaume Guillain, aussi architecte de la ville. Sa femme avait nom Jacqueline Laurens. Pierre Chambiges mourut le 19, ou 21 juin 1544, ainsi que l'indiquent les épitaphes suivantes, lesquelles se voyaient dans la nef de l'église Saint-Gervais, proche d'une tombe située devant le crucifix :

« A la mémoire des âmes de Pierre Chambige, maistre des œuvres de maçonnerie et pavement de ceste ville de Paris, qui décéda le XIXᵉ (ou XXIᵉ) jour de juin 1544, etc. »

. . . .

Les armes des Chambiges jointes aux épitaphes étaient : d'azur à un compas et deux croissants d'argent; une chèvre accroupie d'or, mise en pointe.

Le troisième Chambiges que nous rencontrons dans l'ordre chronologique est Robert Chambiges; nous l'avons vu figurer comme expert avec divers autres, dans un accord du 6 décembre 1564, où il est seulement qualifié de bourgeois de Paris. Il ne nous est point apparu ailleurs.

Le dernier Chambiges avait pour prénom Pierre, comme le second dont il était sans doute le fils. Quoiqu'il soit qualifié dans un censier de charpentier, Pierre Chambiges devait certainement être familier avec la construction en pierre, car il est énoncé comme juré du roi, en l'office de maçonnerie, sur un registre de la ville, aux dates du 25 février 1602 et du mois de mai 1599. — A cette dernière, il fut chargé avec son collègue François Petit, aussi juré du roi, de visiter des travaux de maçonnerie récemment faits à la porte Saint-Germain. Sur d'autres registres de la même provenance, nous le retrouvons avec semblable qualification visitant des maisons du Petit-Pont, en décembre 1602, puis comme arbitre choisi par les maîtres de l'hôpital du Saint-Esprit, en juillet 1607 et nommé encore en mars 1608, époque à laquelle il devait être fort âgé.

On voit par ce qui précède que si le nom de Chambiges est aujourd'hui fort oublié, pendant tout le xvi siècle il eut assez de notoriété pour qu'il ne soit nullement extraordinaire que, vers 1566, un de ceux auxquels il appartenait ait été choisi afin de bâtir la petite galerie du Louvre. On voit en outre que cet édifice ne saurait être l'œuvre ni de Martin ni du premier Pierre Chambiges; qu'on ne peut raisonnablement l'attribuer à Robert et qu'il y a certitude morale que le second Pierre Chambiges en est l'auteur. Au surplus, il ne serait pas impossible qu'il eût aussi travaillé à la grande galerie dont l'aspect, dans sa partie la plus ancienne, n'est guère moins florentin que celui de la petite.

Le premier Pierre Chambiges est celui dont fait mention la délibération du bureau de la ville, en tête de l'état du service des travaux du nouvel Hôtel de Ville, en compagnie de Dominique de Cortone. La collaboration de Pierre Chambiges dans les travaux des châteaux de Fontainebleau et de Saint-Germain-en-Laye est ainsi spécifiée dans les *Comptes des bâtiments du Roy*, t. Ier, p. 154 :

A Pierre Chambiges, maistre maçon pour tous les ouvrages de maçonnerie par luy faits et qu'il continue faire ausdits bastiments et édifices de Fontaine-bleau et Saint-Germain-en-Laye, par l'ordonnance de Messieurs Nicolas de Neuf-ville, seigneur de Villeroy et Philbert Babou, seigneur de la Bourdaizière, donné soubs leurs signets, le dernier apvril 1540.

Somme toute des ouvrages de maçonnerie : 70,174 liv. 8 s. 2 den.

Dans son étude sur le château de Fontainebleau *(la Renaissance en France)*, M. Palustre croit pouvoir, avec quelque certitude, attribuer à Pierre Chambiges l'aile gauche de la cour du Cheval-Blanc.

Ne peut-on supposer, avec quelque présomption sérieuse de vérité, que Pierre Chambiges, qui venait d'exécuter à Fontainebleau des travaux importants pour une somme considérable, qui d'ailleurs portait le titre de « maistre des œuvres de maçonnerye de la ville de Paris », ait été proposé par François Ier à la municipalité parisienne pour dresser les plans du nouvel Hôtel de Ville et en diriger les travaux? Il n'en était point à faire ses preuves comme architecte. Outre la cour du Cheval-Blanc à Fontainebleau[1], il avait exécuté des travaux très importants, notamment le château de Challuau, pour le roi également[2].

Postérieurement à l'Hôtel de Ville de Paris, il devait recevoir la commande de « formes et portraicts » pour certains bâtiments que François Ier avait « délibéré faire exécuter en son hôtel ès environs de Nesles, à Paris, pour la fondation du collège des Trois-Langues »; il passait des marchés considérables pour le châ-

---

1. « Il est vrai qu'à bien prendre les choses, il n'était pas toujours facile de se former une opinion et sans peine concevons-nous, par exemple, qu'un écrivain rencontrant isolément dans les *Comptes* le nom de Pierre Chambiges ne sache pas quels travaux doivent être attribués à cet architecte. Pour en arriver à quelque certitude sur ce point, il faut être familiarisé avec la manière de faire de chaque maitre... Non certes, quoi qu'on ait dit jusqu'ici, l'aile gauche de la cour du Cheval-Blanc ne rappelle en aucune façon les créations de Serlio qui, du reste, s'il eût été l'auteur d'un aussi important ouvrage, ne se fût pas fait faute de le signaler à la postérité... Assurément pour ce qui concerne la galerie d'Ulysse et les bâtiments secondaires de la cour du Cheval-Blanc, nos raisonnements, quelque serrés qu'ils puissent paraître, n'ont pas la valeur d'un texte précis; mais l'on admettra facilement, croyons-nous, que de toutes les attributions hasardées jusqu'ici, la nôtre est la plus vraisemblable. D'abord le nom de Pierre Chambiges figure dans les *Comptes* et il faut bien trouver à quoi cet architecte a pu gagner une somme considérable; ou les constructions qui nous occupent sont de lui, ou il est impossible de savoir ce qu'il a jamais fait à Fontainebleau. »

(Palustre : la *Renaissance en France*.)

2. Dans le département de Seine-et-Marne, commune de Dormelles, canton de Moret. « Le roy François Ier fit bastir cest édifice en ce lieu à cause qu'audict bois prochain y avoit grande quantité de cerfs. Ce lieu de présent appartient à Mme d'Estampes et s'en va fort ruinant, à faute d'estre habité. » (Du Cerceau : *Les plus excellents bastiments de France.*)

Le château de Challuau existait encore en 1840, dans un état assez délabré, il est vrai. A cette époque, la famille de Caumartin le vendit; le nouveau propriétaire le démolit et fit construire sur son emplacement, au moyen des matériaux, une villa fort modeste, sans aucun caractère artistique.

La forme et la disposition très particulières des croisées du rez-de-chaussée de l'Hôtel de Ville se retrouvent au château de Saint-Germain-en-Laye et dans les gravures que du Cerceau nous a laissées du château de Challuau.

teau de Saint-Germain-en-Laye, pour les ouvrages de maçonnerie
du château de la Muette[1]. Pierre Chambiges n'était point,
comme on l'a prétendu, un vulgaire et modeste surveillant de
travaux de maçonnerie, s'estimant sans doute très honoré d'être
le subordonné d'un artiste étranger. En 1533, il avait la réputation
d'un grand architecte et tenait comme tel parmi ses collègues
un rang élevé. Nous ne devons donc point nous étonner de le voir
figurer le premier sur la liste des maîtres d'œuvres prenant part
à la construction de l'Hôtel de Ville.

Dans le passage de son histoire de l'Hôtel de Ville, que nous
avons signalé plus haut, Leroux de Lincy admire fort l'ordonnance de l'escalier à deux révolutions droites, contenu dans le
bâtiment sur la rue du Martroy, à la droite de la porte d'entrée
de la cour d'honneur. Cet escalier, très français d'architecture, l'un
des premiers de ce genre que l'on ait construits en France, rappelait un escalier monumental bâti par Pierre Chambiges à
Saint-Germain. Il y a là une coïncidence curieuse qui ne doit
point être négligée, comme argument important.

Lorsque Pierre Chambiges fut appelé par le roi à Saint-Germain-en-Laye pour prendre la direction des travaux du château,
au sujet desquels il passe « marchez par-devant notaires le lundy
vingt-deuxiesme jour de septembre, l'an mil cinq cens trente-
neuf », le corps de bâtiment du côté de Saint-Jean était terminé
entièrement, ainsi qu'il résulte du marché[2] conclu entre Jean

---

1. Aujourd'hui détruit. « Après avoir fait bastir le chasteau de Saint-Germain-en-Laye, voyant iceluy luy être tant à gré, comme d'estre accompagné d'un bois si prochain, le Roy choisit un endroit en iceluy, près d'un petit marescage, distant de deux lieuës dudit chasteau, où les bestes rousses lassées du travail de la chasse se retiroyent, et y feit dresser ceste maison pour avoir le plaisir de veoir la fin d'icelles et la nomma la *Muette*, comme lieu seul et separé et fermé de bois de tous costez. (Du Cerceau : *idem*.)

Dans les *Comptes des batiments du Roy*, il est fait mention expresse de marchés passés par « maistre Pierre Chambigez, en son vivant maistre des œuvres de maçonnerye de la ville de Paris pour bastiments et édiffices de Saint-Germain-en-Laye et de la *Muette*. »

2. « Par-devant Jehan Quentin et Jean Cordelle, notaires du roy nostre sire ou Chastellet de Paris, furent présens en leurs personnes noble homme et saige maistre Augustin de Thou, conseiller du roy nostre dict seigneur, et président des enquestes de la court du parlement, prevost des marchans, honorables hommes sires Jehan Croquet, Guillaume Daves, marchans bourgeois de Paris, noble homme et saige maistre Anthoine Le

Huillot, maître charpentier à Paris, et « messeigneurs les prévost des marchands et eschevins. Les travaux de l'Hôtel de Ville étaient d'ailleurs suspendus, sur l'ordre du roi donné à Hesdin en ces termes :

Très chers et bien amez,

Pour aucunes causes à ce nous mouvans nous voullons, vous mandons, très expressément enjoignons que vous ayez à cesser, faire cesser et supercéder les bastiments que avez commencez tant ès Hostel de nostre bonne ville de Paris que autres lieux et endroicts d'icelle, le tout jusques à ce que par nous autrement en soit ordonné; s'y n'y faictes faulte, car tel est notre plaisir.

Donné à Hesdin, le xvii jour d'avril mv^c xxxvii. »

Pierre Chambiges était donc libre et pouvait accepter des marchés pour Saint-Germain-en-Laye où, à l'encontre de ce qui avait lieu à Paris, les travaux, malgré la guerre, ne cessèrent point, non plus qu'à Fontainebleau. Les historiens de l'Hôtel de Ville ont attribué comme motifs à la lettre précédente les événements politiques et militaires; ne conviendrait-il point d'y voir plutôt, en raison du fait que nous signalons, une simple conséquence des désirs du roi, pressé de voir terminer son « cher Fontainebleau », Saint-Germain, et faisant dans ce but suspendre l'achèvement de l'Hôtel de Ville pour entraîner Chambiges, et

Comte, conseiller du roy nostre dict seigneur, ou Chastellet de Paris, et honorable homme sire Jehan Parfaict, aussi marchant bourgeois de Paris, eschevins de ladicte ville de Paris, d'une part, et Jehan Huillot, maistre charpentier à Paris, d'autre part, lesquelles parties recongnurent et confesserent avoir fait et font les marchez et obligacions qui s'ensuivent : c'est assavoir ledict Jehan Huillot avoir faict marche aus dietz seigneurs de faire bien et deuement au dit d'ouvriers et gens à ce cognoissans, tous et chacuns les ouvraiges de charpenterye cy devant declairez en ce present deviz; et pour ce faire querir et livrer tout le boys, eschaffaulx et autres choses qu'il conviendra pour ce faire. Ce marche et convenant faitz moyennant et parmy la somme de deux mil deux cens trente-cinq livres tournoys, que les dietz seigneurs prevost et eschevins en seront tenuz et promectent faire payer par noble homme maistre Phelippes Macé, notaire et secrétaire du roy nostre dict seigneur, et receveur de la dicte ville au dict Jehan Huillot, au feur et ainsi qu'il fera les dietz ouvraiges qu'il promect et engaige faire et parfaire bien et duement, comme dict est, dedans la my caresme prouchainement venant. Promettant, etc., obligeant es dietz nous chacun en droict soy, etc., renonçant, etc. Faict et passe doubles cestuy pour les dietz seigneurs prevost et eschevins, l'an mil cinq cens trente-neuf, le samedi sixiesme jour de septembre. » *Archives nationales. Registres de la ville de Paris.*)

PRINTEMPS — MATIN

très probablement avec lui une partie de ses collaborateurs ? Lorsqu'en 1605 les grands travaux du palais municipal furent repris, la direction en fut confiée à deux maîtres des œuvres, Pierre Guillain et Charles Marchand. Pierre Guillain était le fils de Guillaume Guillain, gendre de Pierre Chambiges, qui, à la mort de son beau-père survenue en 1544, lui avait, avec Jehan Langeois, maçon, succédé dans la direction et dans l'exécution des travaux de Saint-Germain[1]. Pierre Guillain n'aurait-il point remplacé Pierre Chambiges, à l'Hôtel de Ville de Paris, dans les mêmes conditions que son père, à Saint-Germain-en-Laye, reprenant pour son compte les traités passés par Chambiges avec le bureau de la ville ? Cette supposition n'est point téméraire ; elle repose sur une analogie de faits, sur une corrélation de dates, qui présentent une certaine valeur comme éléments d'argumentation.

Nous croyons donc pouvoir prétendre :

1° Que Dominique de Cortone n'était point l'architecte de l'Hôtel de Ville de Paris, dont les fondations avaient été posées en 1533 et qui avait été terminé en 1628;

2° Que cet édifice doit être attribué, en entier, y compris la façade indûment dénommée *façade du Boccador*, à Pierre Chambiges, architecte français, « maistre des œuvres de maçonnerye de la ville de Paris et du roy », qui a construit Saint-Germain-en-Laye, la cour du Cheval-Blanc à Fontainebleau, et qui était l'auteur du château de la Muette, près de Saint-Germain, du château de Challuau, aujourd'hui disparus;

---

1. *Comptes des bâtiments du Roy*, t. II, p. 292. — « Guillaume Guillain, maistre des œuvres de maçonnerye de la ville de Paris, et Jehan Langeois, maçon, confessent avoir faict marché et convenance de faire et parfaire pour le Roy, nostre dict Seigneur, en ses dicts bastiments et ediffices de Saint-Germain-en-Laye, et de la Muette-la-Garenne de Glandaer lès dict Saint-Germain tous les ouvrayges de maçonnerye, selon et ainsi qu'il est plu à plaire contenu et déclaré ez devis et marchez de ce faictz et passez avec feu maistre Pierre Chambigez, en son vivant maistre des œuvres de maçonnerye de ladicte ville de Paris, pour semblables pris et pour pareilles causes, et selon et ainsi que ledict Chambigez estoit tenu et oblige taire par lesdicts devis et marchez faictz et passez par-devant notaires, le lundy, vingt-deuxième jour de septembre, l'an mil cinq cens trente-neuf. »

3° Que Dominique de Cortone était simplement l'architecte de la partie de l'ancien Hôtel de Ville, construite sous François Ier, avant 1533, partie qui avait disparu presque entièrement, non seulement englobée, mais absorbée et transformée radicalement par les bâtiments élevés quelques années plus tard sur les plans et devis de Pierre Chambiges.

L'Hôtel de Ville, dit *du Boccador,* était donc l'œuvre d'un artiste français et non d'un artiste italien, comme les historiens de Paris s'en sont successivement transmis la légende erronée.

GALERIE DES FÊTES. H. L

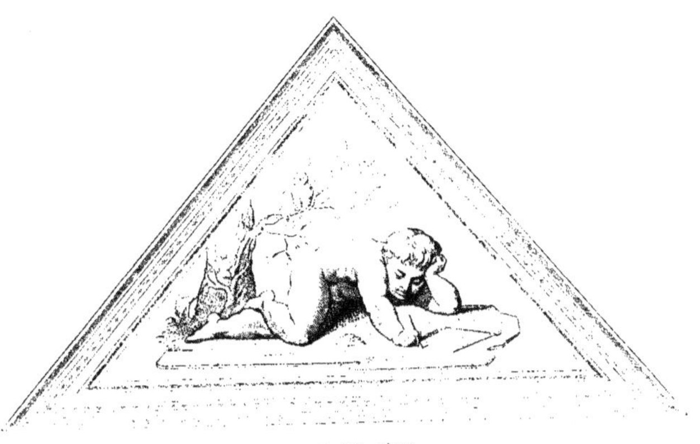

Peinture de H. Lehmann.

III

PREMIÈRE PÉRIODE

1533-1628

Cent ouvriers furent occupés à la construction du nouvel Hôtel de Ville, qui s'éleva fort rapidement. En juin 1534, des peintres et des sculpteurs passaient des traités avec le bureau de la ville pour la décoration intérieure. Les registres municipaux signalent, l'année suivante, des dissentiments entre les maîtres des œuvres au sujet de la construction; ces dissentiments devaient présenter une certaine gravité, puisque le bureau décida « qu'il seroit bon que quatre de messieurs les conseillers de l'Hostel de Ville soient deputez pour assister avec messieurs les prevost des marchands et eschevins pour oyr les differens des maistres des œuvres touchant le differend du bastiment ». En 1536, dans une visite que le bureau de la ville fit à Saint-Germain-en-Laye, le roi ordonna au prévôt des marchands et aux échevins de continuer la construction de l'Hôtel de Ville, attendu que l'on était en temps de paix [1].

Les travaux furent de nouveau suspendus un an après. Dans cette période de quatre ans, malgré toutes les interruptions, on avait élevé le corps de bâtiment du côté de la ruelle Saint-Jean; les maîtres des œuvres faisaient graver sur les lucarnes du milieu le millésime de 1539, et Jehan Huillot, « maître de charpenterye », traitait avec le bureau de la ville pour la charpente des combles, Jehan Penelle pour la couverture en ardoises. L'année suivante, le corps de bâtiment sur la rue du Martroy était également prêt à couvrir. De 1541 à 1548, on besogna lentement; la moitié des ouvriers avait été renvoyée. Néanmoins, le pavillon de l'arcade Saint-Jean fut achevé, sous le règne de Henri II, comme le témoignait le chiffre du roi retrouvé, lors des démolitions, sous la corniche supérieure. La grand'salle, dont le bureau avait décidé la construction par délibération en date du 14 novembre 1551, était terminée, tout au moins dans ses œuvres principales, en 1558, puisque messieurs de la ville y pouvaient recevoir solennellement le roi, à l'occasion de la prise de Calais par M. de Guise, et que le poète Jodelle, à cette occasion, y faisait représenter une « mascarade ou comédie », *le Navire des Argonautes* [2].

---

1. Du dimanche, jour N. D. vᵉ jour dudict moys de septembre m v c xxxvi

« Suivant ce que nous mande par ses lettres missives ledit sieur connestable, sont partiz de ceste ville de Paris messire de Thou, prévost des marchans, Paillard de Hacqueville, eschevins, les grelliers et procureurs d'icelle ville, et arrivez eu dit lieu de Saint-Germain-en-Laye, ou quel lieu, environ l'heure de douze heures, presentez par mon dit sieur le connestable, ilz ont fait la reverance au Roy, estant à Saint-Germain-en-Laie, en sa chambre, et a propose, ledit sieur prévost des marchans, en la maniere qui ensuit : [*Remerciemens à Dieu d'avoir ramené le Roy sain et sauf d'un si long voyage et de l'avoir sauvé des périls de la guerre.*]

« Le seigneur Roy a fait responce qu'il estoit joyeulx de ce que ses subjectz entendoient que qu'il avoit fait, il l'avoit fait comme ung bon Roy doit fere pour ses subjectz. Et quant aux habitanz de Paris, il les tient pour ses bons et loiaulx subjectz.

« Ce fait, a ordonné aux ditz prévost des marchans et eschevins, que en toute diligence possible ilz fissent parachever le bastiment du quay pour passer du Louvre aux Tuileries, et qu'il trouvast l'ouvrage parachevé dedans brief temps qu'il espéroit aller à Paris.

« Et dict aussi qu'il entend que l'on continue le bastiment de l'Hostel de la Ville, attendu que sommes en temps de paix, etc. »

2. *Recueil des inscriptions, figures, devises et mascarades, ordonnées en l'Hostel de Ville de Paris, le jeudy 14 février 1558.* — Livret in-4°.

Le dessin de Jacques Cellier nous donne la physionomie architecturale de l'Hôtel de Ville en 1583.

Après la pacification et l'entrée de Henri IV à Paris, on s'occupa de faire exécuter quelques travaux de réfection, que le long abandon des œuvres de maçonnerie justifiait. Enfin, au mois de novembre 1605, les travaux nécessaires pour l'achèvement du monument furent ordonnés par le bureau de la ville. Dans le but de venir en aide, pour cela, aux finances de la ville quelque peu obérées, Henri IV avait décidé de faire abandon à la municipalité de la moitié des amendes et confiscations qui lui étaient dues depuis la mort de son prédécesseur, c'est-à-dire depuis six ans, et l'avait autorisée à percevoir un nouvel octroi. Chacun d'ailleurs y mit du sien. Le prévôt des marchands, non seulement donna tout ce qu'il put de ses deniers pour l'achèvement de l'Hôtel de Ville, mais il sacrifia les profits de sa charge. Le clergé lui-même y voulut contribuer; les registres du bureau de la ville font mention en ces termes de cette coopération patriotique :

Du mercredy douziesme jour d'apvril mil six cent six.

Ledit jour est venu au Bureau de la Ville, monsieur l'evesque d'Angiers qui a dit que messieurs de l'assemblée du clergé ayant octroyé la demande qui lui avoit esté faicte de donner quelques deniers à la ville, pour employer au bastiment dudict Hostel de Ville, il avoit retiré le mandement et ordonnance desdicts sieurs de l'assemblée, adressant à maistre François de Castille, pour payer à mes dictz sieurs de la ville ou à leur recepveur, la somme de neuf mil livres tournois pour emploier aus dictz bastimens. Laquelle ordonnance il a mise ès mains de mes dictz sieurs, dont ilz l'ont très humblement remercyé.

Le 6 juin de cette année, la totalité des travaux à exécuter fut mise en adjudication publique, au prix de 135 livres tournois la toise courante *bout à vant*, selon les termes de la délibération du bureau. Trois entrepreneurs se présentèrent, Pierre Robelin, Georges Pathelin et Marin de la Vallée. Celui-ci, ayant offert un

rabais de quarante sols, à l'extinction des feux, fut déclaré adjudicataire. Il se mit à l'œuvre lentement. Le 16 février 1606, la
façade sur la place de Grève était achevée, ainsi que le constate
l'inscription suivante, ajoutée, au-dessus de la porte d'entrée, à
celle placée en 1533 :

> AT HENRI IV, FRANCORUM ET NAVARRORUM
> REGE INVICTISSIMO, FRANCIS. MYRON PROPRÆ
> TORE ET DECURIONUM PRÆFECTO, P. SAINC-
> TOT, J. DE LA HAYE, G. DE FLECELLES ET N.
> BELUT, DECURIONIBUS, HOC OPUS SUPERIORUM
> TEMPORUM FORTUNA INTERMISSUM, A SOLO AD
> FASTIGIUM USQUE CONTEXTU ÆDIFICII REPETI-
> TUM EST. M. DC. VI.

« Mais sous Henri IV, roi invincible de France et de Navarre, François Miron,
prévôt des marchands, P. Sainctot, J. de La Haye, G. de Flecelles et N. Belut, échevins, ce monument, interrompu par les événements des temps antérieurs, a été repris
du sol jusqu'à son sommet. 1606. »

Les maîtres des œuvres de l'Hôtel de Ville étaient, à ce moment, Pierre Guillain, le fils du gendre de Pierre Chambiges, et
Charles Marchand; ils décidèrent que la charpente de cette partie
du monument « auroit la forme, structure et façon du comble de
la grand' salle du Louvre ». Dans le devis, le grand cadran qui surmonte la façade de l'Hôtel de Ville est désigné comme achevé,
ainsi que les *pilastres, moulures, enrichissement, corniche, attique
et fronton* qui l'environnent; il est question d'élever deux étages à
jour, en forme de lanterne, « qui doivent surmonter ce cadran, et
au dernier desquels sera mis ung timbre ou cloche pour servir
d'horloge ».

Les travaux d'achèvement ne marchent point cependant au gré
du bureau de la ville. Le 21 mars de l'année 1608, les magistrats
municipaux ordonnent à Pierre Guillain, maître des œuvres
de maçonnerie, à Marin de la Vallée, entrepreneur, et à quatre

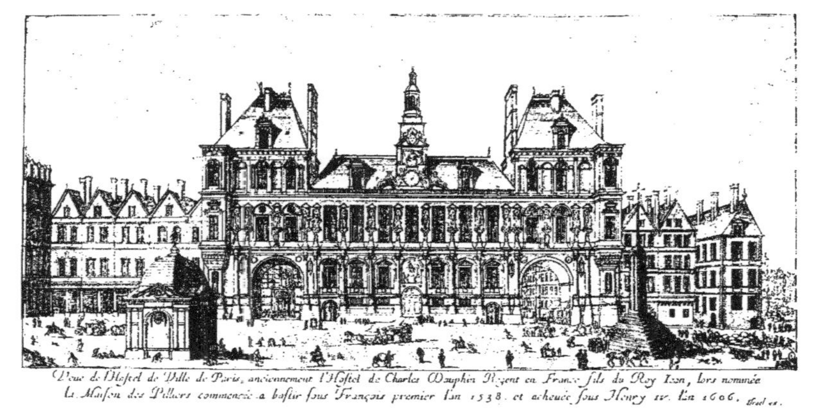

Veue de l'Hostel de Ville de Paris, anciennement l'Hostel de Charles Dauphin Regent en France fils du Roy Jean, lors nommée la Maison des Pilliers commencée a bastir sous François premier l'an 1538. et achevée sous Henry IV. l'an 1606.

maîtres jurés de divers états, qui avaient été commis à la surveillance des travaux, de se rendre au bureau de l'Hôtel de Ville,
« pour être entendus par leur bouche, est-il dit dans l'acte, sur
le faict d'iceulx ouvrages, et la résolution prise estre portée incontinent à Sa Majesté pour en ordonner, et estre son commandement exécuté ».

Une nouvelle discussion s'éleva, le même mois, entre Marin
de la Vallée et le bureau, au sujet de quelques modifications que
le maître des œuvres avait apportées dans l'architecture de la
façade. Marin de la Vallée avait la prétention que cet ouvrage lui
fût payé au même prix que celui de la façade ; Pierre Guillain
soutenait le contraire. On soumit le différend à l'examen de quatre
jurés du roi en l'office de maçonnerie, parmi lesquels nous voyons
figurer un Pierre Chambiges, fils ou neveu du premier Pierre
Chambiges. Les experts donnèrent raison au maître des œuvres
de maçonnerie. L'inscription suivante gravée sur marbre noir,
placée derrière la statue de Henri IV, constatait l'achèvement
d'une partie des travaux en 1608.

DU RÈGNE DU TRÈS CHRESTIEN HENRI IV. ROY DE FRANCE
ET DE NAVARRE, ET DE LA PRÉVOSTÉ DE MONSIEUR MAISTRE JACQUES
SANGUIN, SIEUR DE LIVRY, CONSEILLER DU ROY EN LA COUR DU
PARLEMENT : ET DE L'ESCHEVINAGE DE MAISTRE GERMAIN GOUFFÉ, ADVOCAT
EN LADICTE COUR, JEAN DE VAILLY, SIEUR DU BREUIL DU PONT, MAISTRE PIERRE
PARFAICT, GREFFIER EN L'ÉLECTION, ET CHARLES CHARBONNIÈRES.
CONSEILLER DU ROY ET AUDITEUR EN SA CHAMBRE DES COMPTES, CESTE
SALLE A ESTÉ PARACHEVÉE, LE PAVILLON DU COSTÉ DU SAINCT-
ESPRIT ENCOMMENCÉ, LES COLOMPNES APOSÉES, ET LA TOUR A
HUICT PANS ESLEVÉE POUR L'HORLOGE. MIL SIX CENS HUICT.

Marin de la Vallée, malgré toutes les contestations et les
difficultés qu'il avait eues avec le bureau de la ville, venait d'être
déclaré adjudicataire des travaux de construction du pavillon
du côté du Saint-Esprit. Ce pavillon, destiné à compléter l'ordonnance de la façade, devait avoir, d'après le devis dressé par Pierre

Chambiges, François Petit, Claude Guérin et Claude Villefaus, « pareille forme, structure, époisse (épaisseur), façon et qualité de matières » que celui de l'arcade Saint-Jean ; et « du costé dudict hospital conserver en icelluy les retraictes, ressaulz et retours d'ornemens[1] ». Marin de la Vallée l'avait emporté sur six compétiteurs, par suite d'un rabais de sept livres tournois par toise, rabais qu'il offre « pour le désir qu'il a de servir la ville et continuer la besoigne qu'il a commencée ». L'entrepreneur s'engage, le 4 février 1610, à rendre le pavillon « faict de maçonnerye à haulteur pour mettre les plattes-formes de charpenterie dessus, dedans, le quinzième jour de may prochainement venant ». Pour prévenir, sans doute, le renouvellement des difficultés qu'avait soulevées la négligence apportée, précédemment, par Marin de la Vallée à l'exécution rapide des travaux, il avait été inséré dans le marché la clause suivante : « Et sera ledict de la Vallée payé par chacune sepmaine de la besongne qu'il aura faicte la sepmaine, laquelle à ceste fin sera thoisée par ledict Guillain, lequel marquera ladicte besongne en l'estat qu'elle est à présent, pour recongnoistre la besongne que ledict de la Vallée aura faicte la sepmaine pour en estre payé. »

Au mois de septembre 1618, on procéda à l'adjudication des travaux du corps de logis donnant sur la cour à gauche, derrière le pavillon du Saint-Esprit, travaux qui devaient compléter ainsi l'édifice municipal[2]. Le devis en fut rédigé par Augustin Guillain, successeur de Pierre Guillain dans son office de maître des œuvres de maçonnerie de la ville de Paris. Après trois au-

---

1. Voir aux annexes le texte complet du devis de ce pavillon, qui présente un grand intérêt.

2. La première adjudication de ces travaux, qui eut lieu le mercredi 12 septembre 1618, n'ayant pas été couverte, fut affichée de nouveau pour le samedi suivant. Ce jour, Marin de la Vallée offrit trente-trois livres tournois la toise, ou dix-huit mille livres pour le tout. Jehan Antissier, seul compétiteur, offrit trente livres par toise. Cette enchere, ayant été regardée comme insuffisante, fut remise au mardi 18 septembre. Ce jour, Nicolas Caillon offrit seize mille livres tournois en bloc, ou vingt-neuf livres tournois la toise ; Thomas Taffany en offrit vingt-sept.

L'adjudication fut renvoyée au samedi, mais n'eut aucun effet. Enfin, le mardi 5 octobre 1618.

diences, Marin de la Vallée fut de nouveau déclaré adjudicataire de ces travaux, moyennant une somme de quinze mille six cents livres tournois. Il avait eu trois concurrents : Jehan Antisier, Nicolas Caillon et Thomas Taffany. Ces travaux ne furent achevés qu'en 1628. Marin de la Vallée en avait dû recommencer une partie, sur l'ordre du maître des œuvres, déclarant qu'ils n'étaient point exécutés conformément au devis et aux conditions du marché. Pour consacrer cette date, Marin de la Vallée fit placer au plafond du portique, à l'angle gauche de la cour, l'inscription suivante :

Hanc. Ædificiorvm. Molem.
Mvltis. Iam. Annis. Inchoatam.
Et. Affectam. Marinvs. De. la.
Vallée. Architectvs. Parisin.
Svscepit. An. 1606. Et. Ad. Vlti.
Mam. Vsqve. Periodvm. Fœlici.
Ter. Perdvxit. An. Sal. 1628.

« Marin de La Vallée, architecte
parisien, a entrepris l'année 1606,
ce grand édifice longtemps inachevé
et imparfait et l'a heureusement
terminé l'an du salut 1628. »

Le titre d'architecte, que se donne Marin de la Vallée dans cette inscription, est fait pour surprendre. Jusque-là il figurait, dans les documents administratifs, avec la simple qualité de « Juré du Roy en l'office de maçonnerie « ou bien » d'entrepreneur des

Marin de la Vallée se rendit adjudicataire des travaux moyennant quinze mille six cents livres tournois. Ce marché, qui se passait au grand bureau de l'Hôtel de Ville en présence du procureur de la ville et de Guillain, le maître des œuvres, paraît avoir été conclu contre la volonté de ce dernier. En remettant jusqu'à trois fois l'adjudication des travaux, il semble avoir eu pour but d'écarter un entrepreneur puissant et riche, qui l'avait toujours emporté sur ses confrères. (*Registres de l'Hôtel de Ville* analysés par Leroux de Lincy dans son *Histoire politique et administrative de l'Hôtel de Ville de Paris*. Victor Calliat a exécuté pour cet ouvrage (Ducher et Cⁱᵉ, éditeurs) une série de gravures représentant, avec une précision de détails extraordinaire, une partie de l'œuvre architectural. Nous avons reproduit trois de ces planches, après les avoir fait réduire fort habilement.

ouvrages de maçonnerie ». A la suite de quel compromis, ou sous la pression de quelles hautes et menaçantes influences, Augustin Guillain, qui vivait encore à cette date, avait-il pu consentir à l'apposition d'un document officiel et public où la vérité était ainsi altérée à son préjudice? Les chroniques de ce temps, les registres de la ville ne contiennent à ce propos aucun renseignement, aucune allusion.

GALERIE DES FÊTES, H. I.

IV

SECONDE PÉRIODE

DE 1628 A 1871

Sous les règnes de Louis XV et de Louis XVI, aucun changement considérable ne fut apporté dans les bâtiments de l'Hôtel de Ville. Pendant la Révolution on enleva la statue équestre de Henri IV, qui se trouvait au-dessus de la porte principale, ainsi que les inscriptions de la cour relatives au règne de Louis XIV. Sous le premier Empire, la municipalité dut songer à un agrandissement considérable de l'Hôtel de Ville, les constructions étant devenues trop exiguës pour contenir les services multiples de la préfecture de la Seine réunis à ceux de l'administration municipale. Frochot provoqua l'acquisition du terrain sur lequel avait existé l'église Saint-Jean, fit restaurer la vieille chapelle de ce nom qui tombait en ruines et l'appropria pour les grandes réunions de sociétés, pour les cérémonies publiques, etc.

La question de la construction d'un nouvel Hôtel de Ville, qui avait été déjà soulevée en 1749 et en 1783, préoccupa la municipalité. Ses architectes dressèrent des projets. Le nouveau monument devait être construit au fond de la place de Grève, la façade principale tournée vers la Seine. Les événements politiques arrêtèrent les travaux d'étude, qui furent repris pendant les Cent Jours. Leroux de Lincy a reproduit les principales dispositions du programme d'un concours public pour un projet d'agrandissement de l'Hôtel de Ville, document daté du 25 mai 1815, qui se trouvait aux Archives de la Seine. L'empereur voulait que l'Hôtel de Ville fût disposé de manière que, dans les grandes réceptions, six mille personnes pussent être assises à table. Autour des salles de festin, d'une vaste étendue, il réclamait la construction d'une galerie, qu'il parcourrait avec toute sa suite, de manière à être vu de tous les convives. Une salle de spectacle pour la représentation de quelques prologues de circonstance devait être ajoutée aux salons et galeries. La place de Grève était agrandie et mise en communication avec Notre-Dame par un pont triomphal.

Les devis étaient évalués à vingt-cinq millions. La seconde invasion et la chute de l'empire vinrent détruire ces projets gigantesques.

Pendant la Restauration on ne s'occupa nullement de l'Hôtel de Ville. Ce ne fut qu'en 1832 que M. le comte de Bondy, préfet de la Seine, fit reprendre les études par l'architecte municipal, M Godde, qui avait succédé à M. Molinos. Pendant les études, M. de Bondy fut remplacé par M. de Rambuteau. Le projet de M. Godde, qui rappelait par ses dispositions générales celui dont nous avons parlé plus haut, consistant à placer la façade principale parallèlement à la Seine, ne fut point agréé par le conseil municipal. M. de Rambuteau se trouvait dans une

GRAND ESCALIER DES SALONS MUNICIPAUX

Dessin de Victor Calliat.

situation assez difficile. D'un côté en présence de l'insuccès que
M. Godde avait obtenu, il ne voulait point lui conserver exclusivement la mission dont il l'avait chargé. De l'autre, le conseil
municipal prétendait lui imposer deux autres architectes, fort
puissamment patronnés par des personnages politiques. Un
matin, M. Lesueur, ancien pensionnaire de Rome, attaché aux
travaux du ministère de l'intérieur, aujourd'hui membre de
l'Institut, fut mandé au cabinet du secrétaire général de la préfecture qui l'informa de l'intention définitive de M. de Rambuteau de l'adjoindre à M. Godde.

Invité à présenter personnellement un plan, M. Lesueur
demanda trois semaines; au bout de ce temps, il soumit au préfet
et au conseil municipal une esquisse qui fut acceptée. La collaboration des deux architectes n'était que nominale; M. Lesueur
n'avait pas tardé, en présence des tiraillements incessants qui se
produisaient entre eux deux, à réclamer la direction effective
des travaux, qui lui fut accordée par l'administration. Les opérations de démolition, comprenant une superficie considérable,
durèrent environ dix-huit mois. Le 20 août 1837 on posa la première pierre des nouveaux bâtiments. Les travaux commencèrent
par l'aile droite, au coin de l'arcade Saint-Jean, se continuèrent
par le corps de bâtiment sur le quai, dont le premier étage fut
divisé en salons de réception et l'entresol réservé aux appartements du préfet. Vinrent ensuite l'aile gauche et la façade sur
la rue de la Tixeranderie. Ce fut par l'admirable et vaste galerie
des fêtes, sur la place Lobau, que se termina cette œuvre considérable, qui donnait à l'édifice municipal une superficie de dix
mille cinq cents mètres. Les crédits affectés à ces travaux, complètement terminés en 1846, avaient dépassé douze millions.
L'ancien Hôtel de Ville avait été religieusement respecté; l'aménagement intérieur seul en avait été modifié pour l'installation
des nouveaux services. Les cours avaient également subi

quelques transformations dans leur physionomie primitive.

Un architecte de grand talent, Duc, a porté sur l'œuvre de M. Lesueur un jugement sévère :

> L'Hôtel de Ville de la fin du xvie siècle, écrivait-il dans un rapport adressé, en 1872, au conseil municipal, était un joli monument complet, bien proportionné, flanqué adroitement de deux pavillons avec échauguettes et surmonté d'un beffroi. Les adjonctions que l'on fit à cet édifice, il y a trente-cinq ans, eurent le tort de détruire l'harmonie parfaite de la composition première et de présenter un ensemble assez peu compréhensible de corps de bâtiments et de pavillons sur lesquels le style de l'architecture primitive, convenable en un petit espace, se développait indéfiniment et sans que ces détails fussent, dès lors, en rapport avec l'échelle de l'ensemble.
>
> Mais cet édifice présentait des défauts plus graves : les bureaux s'enchevêtraient avec les appartements de réception; ces bureaux étaient aussi mal disposés que possible, obscurs, étroits, juchés les uns sur les autres avec des escaliers de communication d'une raideur telle que l'ascension en était très pénible. Pendant le jour, il fallait maintenir, dans les galeries qui donnaient accès dans ces bureaux, de la lumière. Quant à l'aération, elle était nulle. La plupart de ces bureaux étaient disposés dans l'aile du nord, qui reproduisait exactement comme architecture l'aile du sud consacrée aux appartements de réception. Et cependant d'autres bureaux s'intercalaient dans les bâtiments consacrés à d'autres services. Il fallait bien connaître les êtres pour ne pas se perdre dans ces corridors et ces escaliers sans fin.
>
> Si la destruction de tout ce que contenaient ces bâtiments est à jamais regrettable, il faut avouer que la ruine des bâtisses l'est beaucoup moins.

En 1868, le campanile, élevé en 1608, qui menaçait ruine, fut reconstruit par un architecte de la ville, M. Max Vautier, dans des proportions plus grandes que celles qu'il avait auparavant.

Le récit douloureux de l'incendie qui a détruit de fond en comble l'Hôtel de Ville doit clore cet exposé historique de la construction et des transformations successives du vieux palais municipal.

Dès l'entrée de l'armée de Versailles, peut-être même avant, la destruction de l'Hôtel de Ville avait été décidée par la Commune. Cette résolution faisait partie de l'ensemble des mesures incendiaires, adoptées pour retarder les troupes dans leur marche et donner ainsi à la Révolution quelques heures de plus pour la résistance. Dans la nuit du 24 mai, l'Hôtel de Ville était abandonné par les membres de la Commune et par le général Eudes, qui prenaient quartier général à la mairie du boulevard du Prince-Eugène. Tous les préparatifs d'incendie étaient achevés depuis le matin. De distance en distance, on avait placé, dans la grande galerie des fêtes, dans les salons, des barils de poudre, des bon·bonnes de pétrole, des amas considérables de papiers et de bois. Le commandant militaire, Pindy, monté dans le campanile, observait les environs pour donner l'ordre d'incendier, aussi-tôt que le premier soldat de l'armée de Versailles apparaîtrait. « Les membres de la ligue des droits de Paris firent inutilement auprès du commandant une suprême démarche pour sauver le monument[1]. Le dernier qui lui parla, M. Bonvalet, vit, en se retirant, les zouaves de la Commune arroser de pétrole un énorme amas de papier dans la grande galerie des fêtes. A peine était-il à cent pas du monument, que tout flambait derrière lui, au bruit des canons de la place qui tonnèrent ainsi jusqu'au soir pour empêcher qu'on ne vînt éteindre l'incendie. Les canons ne se turent qu'après l'effroyable ébranlement qui fit tomber de son haut, dans le cratère, le campanile de fonte déjà rougi; cent barils de poudre amassés dans le sous-sol venaient de sauter. » L'incendie dura huit jours ; malgré le dévouement des corps de pompiers accourus de province et de Londres, tout fut consumé. Il ne restait plus du monument, de toutes les richesses artistiques qu'il renfermait, que des pans de mur éventrés, calcinés, branlants, et des cendres fumantes.

Et c'est aux cris sinistrement ironiques de Vive la Commune !

---

1. Édouard Fournier : *l'Hôtel de Ville de Paris. Paris à travers les âges.* (F. Didot et Cie, éditeurs.)

que l'Hôtel de Ville, ce berceau des libertés municipales, s'écroulait! Le souvenir des luttes fécondes contre le despotisme dont il avait été le théâtre, les glorieuses figures qui formaient autour de lui une ceinture d'honneur, images de presque tous hommes du peuple partis d'en bas pour arriver aux plus hauts sommets par le génie, par le travail et par les vertus civiques, n'avaient pu le protéger contre la barbare folie des hommes de cette révolution faite au nom de Paris et de la Commune!

Mais l'Hôtel de Ville, comme la liberté, renaît de ses ruines; le vieux symbole de la grande cité resplendit de nouveau sur le fronton du palais municipal avec sa belle et triomphante devise :

FLUCTUAT NEC MERGITUR.

GALERIE DES FÊTES. H. L.

Peinture de H. Lehmann.

V

DÉCORATION EXTÉRIEURE
LA COUR D'HONNEUR

L'architecture extérieure des constructions nouvelles avait été naturellement subordonnée aux grandes lignes de l'ancien monument, dont la façade était prolongée, avec une imitation très exacte des dispositions de style, jusqu'aux deux pavillons d'angle sur la place de Grève. Ces pavillons avaient trois étages, ornés de colonnes engagées, et surmontés de lucarnes en pierre très richement sculptée. Les bâtiments intermédiaires sur chacune des trois façades nouvelles comprenaient deux étages en arcades, décorés dans le même style que les pavillons d'angles. Du côté de la rue de Rivoli, les treize travées d'arcades étaient séparées par des colonnes engagées. Rue Lobau, les colonnes de la façade, entièrement dégagées, s'élevaient entre chacune des quinze travées d'arcades, qui éclairaient la somptueuse galerie des Fêtes.

La décoration sculpturale du monument était splendide. Quatre-vingt-quatorze niches à frontons, destinées à recevoir les statues des grands hommes de la France, avaient été aménagées sur la façade principale, dans les pavillons du centre, dans les bâtiments intermédiaires, au premier étage, entre les croisées; dans les pavillons d'angles, aux trois étages, entre les colonnes. Une cinquantaine de statues étaient placées au moment de l'incendie[1]. Elles représentaient les personnages dont les noms suivent :

PAVILLON DU NORD : *Montyon ;* sculpteur, Gayiard ; *Monge,* Gruyère; *Gros,* Millet; *Voltaire,* Husson; *d'Alembert,* Diebolt; *Buffon,* Deligand; *Ambroise Paré,* Ramus; *Papin,* Calmels : *de Harlay,* Barre.

CORPS DE FAÇADE : *Peronnet,* Antonin Moyne; *Voyer d'Argenson,* Valcher; *Mansard,* Fauginet ; *Lebrun,* Raunois: *Lesueur,* Chenillon; *Saint Vincent de Paul,* Ramus; *Jean de la Vacquerie,* Auvray, *Philibert Delorme,* Fauginet; *Gozlin,* Crevenich; *Pierre Lescot,* Brun; *Jean Goujon,* Chardigny; *Étienne Boyleaux,* Huguenin ; *Hugues Aubriot,* Lequien ; *Saint Landry,* Debay fils; *Maurice de Sully,* Desprez; *Jurénal des Ursins,* Dantan aîné; *Pierre de Viole,* Duseigneur; *Michel Lallier,* Antonin Moyne; *Guillaume Budé,* Brian ; *François Miron,* Jaley; *Robert Estienne,* Lescorné: *Jean Aubry,* Gayiard; *Mathieu Molé,* Droz; *Rollin,* Caillouette; *l'abbé de l'Épée,* Préault; *Turgot,* Foyatier ; *Sylvain Bailly,* Husson; *Frochot,* Desprez.

PAVILLON DU SUD : *Lavoisier,* Toussaint; *Condorcet,* Carrier; *Lafayette,* Chenillon ; *de la Reynie,* Protat; *Colbert,* Mercier; *Catinal,* Demesmay ; *de Thou,* Petit; *Boileau-Despréaux,* Maindron ; *Molière,* Ottin.

Toutes ces statues avaient été payées uniformément aux artistes 3,000 francs.

Sur les corniches des pavillons d'angle et de la façade Lobau étaient des statues allégoriques en terre cuite, le Commerce, la Science, les Arts et l'Industrie. Des figures en haut-relief, sculptées dans la pierre, au-dessous des croisées en arcade, repré-

---

1. Les niches de l'ancienne façade n'étaient point restées vides, ainsi que le prétendent Leroux de Lincy et plusieurs historiens modernes de l'Hôtel de Ville. Dans toutes les représentations du monument avant la révolution et notamment dans la gravure d'Israël ci-jointe, les niches sont garnies de statues. Ces statues avaient été enlevées sous la Révolution.

sentaient des allégories analogues, dont les attributs divers décoraient le dessous des niches et les pendentifs, entre les chapiteaux des colonnes.

Les bas-reliefs de la façade principale, représentant l'*Éloquence* et la *Philosophie,* avaient été exécutés par Ottin.

Les bas-reliefs représentant la *Peinture* et la *Musique* étaient dus à Jouffroy.

Dantan aîné avait sculpté deux bas-reliefs à l'une des archivoltes du pavillon Saint-Jean; Simart, également deux aux archivoltes du pavillon Ouest, au deuxième étage; Seurre, deux, aux archivoltes du rez-de-chaussée du pavillon Ouest; Brian jeune, deux, aux archivoltes d'un des pavillons neufs. Chacun de ces artistes avait reçu pour ce travail, exécuté en 1840, une somme de 3,000 francs.

Le campanile était décoré des armes de la ville soutenues par deux génies d'une fière allure. Au-dessous, une statue représentait la ville de Paris, armée en Minerve, tenant d'une main un sceptre et de l'autre une couronne. Les cariatides qui accompagnaient l'horloge présentaient de grandes qualités artistiques. Le fronton dominant l'horloge était orné aux angles de deux statues couchées, la Marne et la Seine, exécutées, en 1852, par Cavelier sur le modèle des anciennes qu'elles remplaçaient. Au-dessus de la porte d'entrée se trouvait la statue équestre de Henri IV, en bronze sur marbre blanc, œuvre de Lemaire, membre de l'Institut, mise en place en 1838.

Dans la grande cour vitrée, à droite, était érigée la statue en bronze de Louis XIV, par Coysevox, qui en occupait le centre, avant la construction de l'escalier d'honneur en 1855. Cette statue, qui n'a pas souffert beaucoup de l'incendie et qui sera replacée dans le nouvel édifice, représente Louis XIV debout, en costume d'empereur romain, cuirasse, cothurnes et manteau; le bras

gauche s'appuie sur un faisceau d'armes ; le bras droit est étendu
en signe de protection. Le roi porte perruque. Le piédestal est
orné de deux bas-reliefs : celui de face représente la Religion
assise sur un trône, tenant d'une main le calice et de l'autre la
croix. Près d'elle, un génie, armé d'un bouclier portant les
armes de Louis XIV, un *soleil rayonnant,* foudroye l'erreur,
le vice et l'hydre de l'hérésie. Sur l'autre est figurée, sous
les traits d'un ange, la Royauté donnant du pain au peuple
pendant la grande famine de 1662. La base porte, à droite,
l'inscription suivante : *Fait et fondu par Ant. Coyserox, sculpteur ordinaire du roy.* Cette statue, élevée par la ville de Paris,
comme testimonial de la visite faite par Louis XIV à l'Hôtel de
Ville, le 30 janvier 1689, à la suite de la réconciliation opérée
entre la royauté et la municipalité parisienne, avait été inau-
gurée le 14 juillet de la même année. Singulière coïncidence :
14 juillet 1689, la royauté à l'Hôtel de Ville ; 14 juillet 1789,
prise de la Bastille ! Au commencement de la Révolution, la
statue de Louis XIV avait été enlevée et reléguée dans les caves
de l'Hôtel de Ville. La Restauration la replaça sur son piédestal.
Une curieuse estampe de la Bibliothèque nationale, dessinée et
gravée par Lepautre, nous donne une vue exacte de la statue et
de sa disposition dans l'édifice, avant la Révolution.

La cour d'honneur était desservie par un escalier monumental édifié à son centre, et présentant la forme d'un fer à cheval,
dont les deux branches s'élevaient par des courbes très gracieuses
d'un perron large et évasé. Au premier étage, elles aboutissaient
à un autre perron, s'appuyant sur la fenêtre centrale de la façade
du fond. Les architectes qui en avaient donné les dessins et
surveillé l'exécution étaient Baltard et Max. Vauthier. Les
courbes et les marches en pierre de liais étaient supportées
par des colonnes accouplées, en pierre dure, d'un travail
très précieux. exécuté par Lechesne, auquel était due également

COUR D'HONNEUR : STATUE DE LOUIS XIV, PAR COYSEVOX.

l'ornementation des voûtes et des pilastres soutenant le perron
supérieur. Ces pilastres formaient avec la courbe intérieure, de
chaque côté, deux tympans pleins, dans lesquels étaient encastrés
des bas-reliefs représentant des naïades et des nymphes. Des tri-
tons nageaient dans la vasque couronnée par des génies. Cette
partie de l'escalier était l'œuvre des frères Debay. Une rampe en

ESCALIER DE LA COUR D'HONNEUR.

fer forgé, d'un très beau dessin et d'une exécution très habile, présentant une heureuse combinaison de balustres, de rinceaux, de
feuillages et de fruits, complétait cette décoration. A la base, de
chaque côté du perron, deux statues colossales formaient tor-
chères; au sommet se trouvaient deux superbes vases de bronze
forme Médicis. Tout cela a été complètement détruit.

Le dallage de la cour était formé d'une mosaïque, en marbre
rose et vert jaspé, mêlé à la pierre de liais. Un lustre en cristal
éclairait, la nuit, cette partie du monument.

8

Les deux autres cours ne présentaient aucune décoration artistique.

Les dispositions architecturales et la décoration sculpturale de la salle Saint-Jean, qui formait le vestibule des escaliers de la galerie des Fêtes, méritent une mention spéciale. Cette salle, dont les juges compétents étaient unanimes à louer les belles proportions, mesurait onze mètres de largeur, quarante mètres de longueur et sept d'élévation. La voûte, surbaissée, avait pour supports des colonnes d'ordre dorique, avec entablement à triglyphes, disposés en avant-corps sur les deux côtés de la salle. Les chapiteaux étaient décorés fort ingénieusement de casques et d'armures des différentes époques de la civilisation universelle; aux deux extrémités les dessus des portes contenaient des trophées d'armes.

HERCULE ÉCORCHANT LE LION DE NÉMÉE, PAR DELACROIX
SALON DE LA PAIX.

Peinture de H. Lehmann.

VI

GALERIE DES FÊTES

De la salle Saint-Jean, on accédait aux grands escaliers de
la galerie des Fêtes, dont la perspective présentait un caractère
véritablement monumental et grandiose. Les parois des escaliers, les piliers et les colonnes des galeries supérieures étaient
en marbre blanc. La voûte surbaissée de la galerie centrale
dominant les escaliers se subdivisait en trois caissons carrés,
ornés de compositions allégoriques en grisaille. Des figures
en bas-reliefs, personnifiant les Vertus, les Arts et les Sciences,
exécutées par Marneuf, Combettes, Caudron, Desprez, Venot, etc., décoraient les douze pendentifs de la voûte; des
médaillons de personnages illustres soutenus par des génies se

déroulant en volutes, remplissaient les pénétrations. Duret en
avait sculpté quatre, ceux de Charlemagne, César, Alexandre
et Napoléon. Les arcs doubleaux étaient décorés de cinq caissons octogones contenant des figures allégoriques en bas-reliefs,
sculptées par Duret, à l'exception toutefois de l'arc du milieu
où se trouvait un médaillon, portrait d'un prévôt des mar-

chands, également œuvre de Duret. Dans les registres de
comptes de l'année 1851, cet artiste figure pour une somme
de 15,000 francs, prix de ces travaux. Quatre grandes statues
allégoriques, *l'Europe, l'Asie, l'Afrique* et *l'Amérique* sculptées par Brian, Dantan aîné, Gambard et Debay, placées dans
des niches, décoraient les entre-colonnements. Les voûtes des
deux galeries contiguës étaient ornées dans le même style
et avec le même luxe de sculptures et de bas-reliefs. Au-

dessus des œils-de-bœuf se trouvaient des figures de Cavelier.
Les ouvertures donnant le jour à l'escalier étaient décorées
de vitraux ronds à compositions allégoriques : une femme jouant
de la lyre; une femme tenant un panier de fleurs; une femme
déroulant des guirlandes de fleurs; une femme tenant dans une
main des épis et de l'autre une corne d'abondance; une femme

GALERIE DES FÊTES, H. L.

couronnée de pampres et de raisins, formant pendant à une bacchante. Le vitrail du milieu, de forme carrée et de plus grande
dimension, représentait l'allégorie de la Paix.

La galerie des Fêtes mesurait quarante-huit mètres de longueur sur treize de largeur et douze d'élévation; on la considérait
comme une des plus belles et des plus vastes salles qui soient
au monde. Elle était éclairée, sur la place Lobau, par treize
grandes baies en arcades, accostées de trente-deux colonnes

d'ordre corinthien, détachées et servant d'appuis aux retombées de la voûte. Des tribunes de forme circulaire s'ouvraient dans les pénétrations.

La décoration de cette galerie présentait une richesse et une variété extraordinaires. Les piédestaux de l'attique, les bases des colonnes étaient revêtus de marbre blanc. Toute l'ornementation du plafond, des voussures des tribunes, exécutée en stuc et carton pâte, était dorée sur fond blanc. L'encadrement du plafond, formé de soixante-douze caissons octogones, avec une énorme rosace pour fond, se composait d'une colossale guirlande de fruits divers, d'un effet fort original, que le décorateur avait répété avec beaucoup de goût comme bordure des pénétrations. Des figures de Muses dans des portiques grecs, des figures allégoriques, la Chevalerie, les Arts, les Sciences, l'Industrie, inscrites dans des volutes gracieuses et dans des arabesques d'une fantaisie charmante, formées d'animaux fantastiques, de sphinx, de guirlandes de fleurs et de fruits, ornaient les arcs doubleaux. Les hémicycles du fond étaient décorés également, dans le style de la Renaissance française, de rinceaux, de rosaces fleuronnées avec hippocampes, nymphes, amours, et de médaillons allégoriques. Dans les douze culs de four on avait inséré des compositions allégoriques d'un goût très pur : une bacchante, une jeune femme à son rouet, des enfants jouant, les jeux maternels, la sollicitude maternelle, des amours lutinant une jeune fille, l'éducation de l'enfant, une jeune femme à sa toilette, les forgerons au travail.

Henri Lehmann avait peint dans les voussures et dans les pendentifs une vaste composition, qui ne comprenait pas moins de cinquante-six sujets principaux et couvrait en ensemble une superficie d'environ cent cinquante mètres carrés. La plupart des figures mesuraient six pieds. Cette œuvre colossale avait été exécutée en dix mois. Chargé de la décoration, le 28 janvier 1852, et prévenu que la date de l'inauguration de la

VESTIBULE DE LA GALERIE DES FÊTES

Dessin de V. Calliat.

galerie était fixée au 4 décembre de la même année, Henri Lehmann ne put consacrer un plus long temps à ce travail, qui en
exigeait matériellement le double. Le matin même du jour où
avait lieu la cérémonie, il achevait de peindre la dernière figure.

Voici, d'après un livret écrit par l'artiste, l'indication sommaire des sujets de cette composition :

I. — HUMANUM ORITUR GENUS

Pendentif. Origine. Une femme couronnée de fleurs et d'épis, ouvrant ses
bras chargés de fruits et offrant ses mamelles aux enfants qui l'entourent, représente la nature et la jeune humanité jouissant de ses biens.
Pénétration. Enfant caressant un lion.

II. — PUGNAT CONTRA FERAS

Pendentif. L'homme combat les animaux féroces. Menacé par un tigre,
attaqué par un lion, il enfonce dans la gueule de ce dernier un arbre déraciné ; à
ses pieds gît un corps expirant sous l'étreinte d'un reptile. Une femme effrayée
serre son enfant contre son sein.
Pénétration. Enfant lapidant un serpent.

III. — IN MANU PECUDES HABET

Pendentif. L'homme s'assujettit les animaux domestiques. Le chef de famille
marche à la tête du troupeau; il tient la main gauche sur le joug imposé au
buffle; de la droite, il retient un cheval qui se cabre sous le cavalier cherchant à
le dompter.
Pénétration. Enfant tétant une chèvre.

IV. — LABORIBUS URGETUR VARIIS

Pendentif. Les hommes vaquent aux premiers travaux, abattent les arbres,
allument le feu, forgent le fer.
Pénétration. Enfant s'élançant dans l'espace, tenant le marteau et la foudre
en main.

V. — ET VESTES ET TECTA PARANT

Pendentif. L'homme prépare les matériaux destinés à sa demeure; la femme file ses vêtements.

Pénétration. Enfant auprès d'un nid d'oiseaux.

GALERIE DES FÊTES

Peinture de H. Lehmann.

VI. — PLACANTUR HOSTIA DII

Pendentif. Sacrifice. L'homme offre à Dieu son premier sacrifice. Enfants occupés autour de la victime; groupes priant.

Pénétration. Enfant tenant une guirlande, assis auprès des vases sacrés.

VII. — DITANS AGRICOLAM MESSIS

Pendentif. Moissonneuses coupant le blé et chargées de gerbes : semeur, laboureur : première richesse de l'homme.

Pénétration. Enfant faucheur buvant dans une gourde.

VIII. — DISSIPAT EVIUS CURAS

Pendentif. Jeune Faune tenant des grappes de raisin qu'il élève en riant au-dessus de sa tête; à ses bras sont suspendus un enfant et une bacchante.

Pénétration. Enfant bachique emporté sur une panthère.

Peinture de H. Lehmann.

IX. — CONCORDANT CARMINA PLECTRO

Pendentif. Première union du chant et de la poésie; des deux côtés groupes d'époux, d'amants heureux.

Pénétration. Enfant porté par un cygne, chantant et s'accompagnant de la lyre.

X. — MENSES ET SIDERA SIGNAT

Pendentif. Astronomie. Vieillard expliquant aux bergers la marche des astres. Hespérus est représenté tenant une torche et versant la rosée.

Pénétration. Enfant berger endormi.

XI. — COMMITTIT PELAGO RATES

Pendentif. Navigation et Commerce. On hisse les voiles; on charge les marchandises; le nautonier interroge du regard l'état du ciel.
Pénétration. Enfant sur un dauphin, tenant caducée et trident.

XII. — INDUSTRIA OBJICE ACRIOR

Pendentif. Industrie. Entourée de machines, elle examine des plans et tient maîtrisée sous ses genoux une figure symbolique de la vapeur. Des deux côtés les divers corps de métiers lui offrent leurs instruments de travail et leurs matières premières.
Pénétration. Enfant emporté sur une chimère, lançant feu et flammes.

XIII. — FLET SCENA RIDETQUE BIFRONS

Pendentif. Tragédie et comédie. Génie penché sur le masque tragique. La Tragédie tient une hache sanglante à la main. La Comédie, armée de verges, observe l'image de la Vie se réfléchissant dans un miroir que lui présente un jeune satyre.
Pénétration. Enfants grotesques jouant avec les masques tragique et comique.

XIV. — MENTE HOMO NUMEN ADIT

Pendentif. Étude. Inspiration. Hommes absorbés dans la réflexion et l'étude; jeune femme arrachée à la méditation par le contact du génie qui dirige ses regards vers le ciel.
Pénétration. Faune enfant nourrissant un nouveau-né : premiers instincts satisfaits.

XV. — CONFIRMAT DOCTRINA FIDEM

Pendentif. Théologie, science divine. La main droite sur l'Évangile, la gauche levée vers la croix et le calice portés par deux anges, le pied sur l'Erreur aux yeux bandés, elle proclame la vraie doctrine et la vraie foi; au fond, docteurs de l'Église.
Pénétration. Enfant sortant d'un amas de livres un flambeau à la main.

GALERIE DES FÊTES

Dessin de V. Calliat.

XVI. — RERUM INQUIRIT CAUSAS

Pendentif. Philosophie, savoir humain. Vieillie dans les recherches, elle reste encore penchée sur des manuscrits. Un premier enfant verse d'une main l'huile dans la lampe, et de l'autre indique le silence. Un second tient fermé d'un air ironique le livre de la vérité.

Pénétration. Enfant cherchant à pénétrer dans un amas de livres et de parchemins.

XVII. — SCELERUM ULTRIX DEA

Pendentif. Justice. Le pied sur le Crime terrassé, elle arrache le masque de l'Hypocrisie, elle protège la faiblesse et l'innocence. L'ange vengeur apporte le glaive.

Pénétration. Un enfant saisit et écrase un serpent à travers un masque souriant.

XVIII. — RES BENE GESTA DITIO

Pendentif. Finances. Un homme notant d'une main ce qu'on verse dans sa caisse, empêchant, de l'autre, qu'on y puise. Ordre, économie.

Pénétration. Enfant assis entre deux sacs d'écus.

XIX. — METITUR IN ORBE OMNIA

Pendentif. Mathématiques. Une femme réfléchit, le compas à la main. Deux enfants semblent absorbés dans l'étude ; un troisième pointe un télescope.

Pénétration. Enfant cherchant la solution d'un problème géométrique.

XX. — SIC BELLA INGRUUNT CRUENTA

Pendentif. Guerre. Un groupe de démons exterminateurs, le glaive et la torche en main, traverse l'air au-dessus d'une femme éplorée et accroupie à côté d'un homme expirant. Elle tient sur ses genoux son enfant percé d'une flèche.

Pénétration. Deux enfants se battant.

XXI. — CLIO GESTA CANENS

Pendentif. Épopée et Histoire. L'Épopée, appuyée sur sa lyre, jette des couronnes, au son des Fanfares. L'Histoire grave sur l'airain les faits que lui dicte un génie.

Pénétration. Enfant écrivant ce qu'il cherche à voir de loin ou de haut.

GALERIE DES FÊTES. H. I.

XXII. — SANANTUR MEDICINA MORBI

Pendentif. Médecine. Le médecin tient la main d'une malade, une sœur soutient sa tête, un élève prend note des prescriptions. Enfants étudiant la botanique; d'autres, l'anatomie.

Pénétration. Enfant pansant la patte d'un chien.

XXIII. — VIRTUS DEO PROXIMA CARITAS

Pendentif. Charité et Enseignement. Prêtre recueillant un nouveau-né abandonné. Sœurs de charité se livrant aux soins de l'éducation et de l'enseignement.

Pénétration. Enfant portant une table de marbre ornée d'une guirlande avec l'inscription : *A saint Vincent de Paul.*

GALERIE DES FÊTES. H. I.

XXIV. — PERMOVET, DELECTAT, DOCET

Pendentif. Éloquence. Orateur parlant au milieu d'un auditoire attentif et ému.

Pénétration. Enfant rhéteur se débattant dans des liens inextricables.

XXV. — TRES UNA VIGENT ARTES

Pendentif. L'Architecture est assise, l'équerre à la main; sur ses genoux s'appuie la Sculpture portant la statue de Minerve, la Peinture la tient fraternellement embrassée.

Pénétration. Trois enfants se tenant embrassés puisent à la source du beau.

XXVI. — AD TIBIÆ CANTUS CHOREA

Pendentif. Danse et Musique. Groupe de danseurs; enfants jouant de divers instruments.

Pénétration. Enfant danseur grotesque.

XXVII. — DIFFUNDIT FRUGES COPIA

Pendentif. Abondance. Chargée de fleurs et de fruits, elle tient d'une main sa corne symbolique et étend l'autre en signe de protection sur les biens de la terre.

Pénétration. Enfant chargé de fleurs et de fruits.

XXVIII. — OSTENDIT AD ASTRA VIAM

Pendentif. Gloire. Elle s'élance vers les astres, palme et couronne en main.

Pénétration. Renommée, enfant[1].

Dans une étude publiée par le savant critique d'art M. Vitet[2], nous trouvons une analyse très remarquable de l'œuvre impor-

---

1. L'administration de la ville de Paris a fait exécuter à ses frais les gravures des compositions de Lehmann, en vingt-huit planches grand in-folio, par les artistes suivants :

Humanum oritur genus.	
Pugnat contra feras.	LEVASSEUR.
In manu pecudes habet.	
Laboribus urgetur variis.	
Et vestes et tecta parant.	DANGUIN.
Placantur hostia diis.	
Ditans agricolam messis.	
Dissipat Evius curas.	MORSE.
Concordant carmina plectro.	
Menses et sidera signat.	
Committit pelago rates.	LEVASSEUR.
Industria objice acrior.	

Flet scena ridetque bifrons.	
Mente homo numen adit.	
Confirmat doctrina fidem.	
Rerum inquirit causas.	DUBOUCHET.
Scelerum ultrix dea.	
Res bene gesta ditio.	
Metitur in orbe omnia.	
Sic bella ingruunt cruenta.	LEVASSEUR.
Clio gesta canens.	
Sanantur medicinam orbi.	
Virtus Deo proxima caritas.	DANGUIN.
Permovet, delectat, docet.	
Tres una vigent artes.	
Ad tibiæ cantus chorea,	MORSE.
Diffundit fruges copia.	
Ostendit ad astra viam.	

2. *Revue des Deux Mondes*, 1er décembre 1852.

tante de Lehmann. Ces quelques lignes compléteront les renseignements que nous venons de donner sur la décoration de la
galerie des Fêtes.

Avait-on même encore dessein de loger là de la peinture, ou bien n'avait-on pas
songé tout d'abord simplement à couvrir ces pendentifs de quelques décorations à la
brosse, comme ces bocages de guinguettes qui, dans cette même salle, du côté de la rue,
tapissent le fond des arcades? Ce qui semblerait indiquer que tels étaient les projets
primitifs, c'est que, pour couvrir de couleur ces vingt-huit pendentifs et les vingt-huit
pénétrations qui les séparent, en tout cinquante-six tableaux, dont la superficie totale
n'est pas moindre de 140 mètres carrés, le programme accordait, le croirait-on?
dix mois, pas davantage. Le travail était commandé dans les derniers jours de
janvier et devait être fini avant le 2 décembre, jour arrêté pour l'inauguration. Eh bien,
il s'est trouvé un artiste, un véritable artiste, qui n'a pas craint de tenter ce tour de
force. Non seulement il avait le temps de composer et de peindre cinquante sujets en
dix mois, mais jamais, à voir son œuvre, on ne se douterait que les heures lui étaient
comptées. Ce n'est pas de l'improvisation, encore moins de la peinture de théâtre; il
n'y a là ni pochade ni mélodrame : c'est du dessin arrêté, réfléchi, de la peinture d'un
tissu ferme et serré. Le temps, sans doute, ne fait rien à l'affaire et la difficulté vaincue
n'ajoute rien à l'art; mais il est certains efforts dont il faut tenir compte au talent.
M. Lehmann a joué gros jeu; il doit s'en applaudir. Ce n'est pas que son œuvre, dans
toutes ses parties, triomphe également des obstacles qu'il a bravés. A côté de compositions dont les heureuses lignes semblent éclore d'elles-mêmes et dont l'étude avait peut-
être altéré la fleur, il en est que la réflexion seule aurait suffisamment mûries. De là,
dans ce vaste ensemble, quelque inégalité. Comment, d'ailleurs, tomber toujours juste,
toujours avec le même bonheur dans ces encadrements irréguliers, étroits à la base, en
ramenant, bon gré mal gré, la pensée pittoresque toujours aux mêmes combinaisons?
Ces difficultés matérielles sont en peinture ce qu'est la rime en poésie. Il y a des vers
et des plus beaux que nous ne devons qu'à la rime, ce qui n'empêche pas que nos
poètes et les plus grands lui doivent bien quelques chevilles.

A cette uniformité de structure que M. Lehmann devait subir, il a eu soin d'oppo-
ser la variété des sujets. Il s'est donné pour thème l'histoire de l'humanité, depuis les
premiers combats de l'homme contre la nature, jusqu'aux dernières conquêtes de l'industrie, de la science et de l'art. Cette épopée, dont l'homme est le héros, prête à la
grande peinture. On peut la trouver sévère pour une salle de bal; mais l'auteur a bien
fait, selon nous, de rester sérieux, même à côté des violons. L'allégorie mythologique,
la cour de Terpsichore, les entraîne, à moins d'un miracle, à la décoration subalterne,
à la fadeur, à la monotonie; l'allégorie philosophique, la poésie de l'humanité leur
ouvrait une longue série de contrastes et d'oppositions. De tant de sujets si divers, les
mieux réussis sont les plus simples, ceux qui offrent les personnifications les plus
faciles et les plus claires. Ce lieu commun pour les arts du dessin est un aliment éter-
nel. Ils ont de tels sujets pour le rajeunir et l'animer! Ainsi l'homme combattant les

animaux féroces, l'homme domptant les animaux domestiques, l'homme forgeant le
fer, la femme filant le lin, la moisson, la navigation, l'étude, la poésie, l'astronomie,
la justice : voilà les sujets qui ont inspiré à M. Lehmann les lignes les mieux senties,
les expressions les plus vraies et les plus franches. Là, tout s'explique du premier jet,
sans commentaires. Là, rien n'est subtil ni tourmenté. D'autres sujets, plus complexes,
manquent de développements et sont comme gênés et rétrécis par les contours du pendentif; mais tous, et ceux-là mêmes que nous ne préférons pas, sont pleins d'idées ingé-
nieuses, d'heureux ajustements, de motifs élevés.

GALERIE DES FÊTES, H. I.

Dans les culs-de-four et les hémicycles de cette galerie
Schopin avait peint en outre :

Huit panneaux, de 3 mètres sur 0ᵐ,70, représentant les
quatre Saisons et les quatre Éléments;

Huit panneaux, de 1ᵐ,30 sur 0ᵐ,70 : Génies allégoriques;

Douze panneaux, de 1ᵐ,50 sur 0ᵐ,70, contenant les signes
du Zodiaque;

Deux dessus de porte, de 3 mètres sur 2 mètres, avec des

compositions relatives, l'une à François Ier et l'autre à Henri IV;

Deux plafonds octogones, de 2^{m},5o, dont les sujets étaient Apollon et Diane.

Ces peintures avaient été exécutées sous l'administration de M. de Rambuteau [1].

GALERIE DES FÊTES, H. L.

Dans les pendentifs, au-dessous des peintures de Lehmann, Laurent Jan avait peint les armes des principales villes de France, et des Génies, au-dessus des arcades des baies.

La décoration, très artistique, des panneaux de la voussure

1. Dans les livres de comptes qui ont pu être sauvés de l'incendie et que nous avons soigneusement consultés, nous avons trouvé les indications suivantes, relatives à la décoration de la salle des Fêtes.

Année 1844. — Veuve Bex et fils, stucateurs, décoration : 3o,ooo francs. — Langlois, marbrier, chargé du revêtement en marbre des piédestaux de l'attique de la salle des Fêtes : 2o,538 francs.

Année 1854. — Hubert frères, sculptures en carton-pâte, pour décoration de la salle des Fêtes : 5,134 francs. — Potur, peintures pour la voussure : o,35o fr. ameublement. 1o5,o73 fr.

était formée d'hippocampes, de nymphes, de rosaces et fleurons, avec médaillons allégoriques.

L'ameublement de la galerie des Fêtes avait été fourni par Belloir, Denières, Paillard, Lerolle, etc.

GALERIE DES FÊTES, H. L.

VII

SALLE DES CARIATIDES

Dans cette salle, le plafond, peint par Gosse, présentait une originalité de composition toute particulière, inspirée de quelques œuvres de maîtres vénitiens : des cariatides en marbre soutenaient une coupole, où l'on apercevait Cybèle traversant l'Empyrée sur un char traîné par des lions, précédée de l'Amour, de la Paix, de l'Abondance, de la Fertilité, et suivie d'un cortège de nymphes. L'aspect de ce plafond était fort agréable.

Léon Benouville, l'illustre peintre de la *Mort de saint François d'Assise,* avait décoré les voussures de compositions allégoriques ainsi distribuées :

A droite des portes donnant dans la grande galerie :

L'Hiver, une figure de femme accroupie, enveloppée dans ses longs vêtements ; un génie attise un maigre foyer formé de quelques branches d'arbre ; des hirondelles s'enfuient à tire d'aile vers des régions plus chaudes.

De l'autre côté de la croisée :

Le Printemps, figure de femme demi-nue, assise contre un chapiteau dorique ; elle vient de rejeter une partie du vêtement qui recouvrait ses épaules et qui, au tiède souffle du zéphyr,

SALLE DES CARIATIDES
Peinture de Cabanel.

s'enfle comme une voile légère. Elle tient une fleur de primevère, emblème de la résurrection du printemps. A ses ordres, un Amour s'envole et va jeter sur les champs les fleurs parfumées

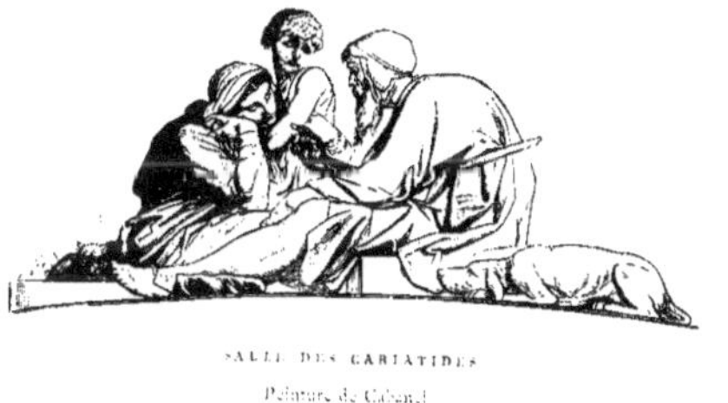

SALLE DES CARIATIDES
Peinture de Cabanel.

qu'il porte. Des papillons s'essaiment dans les airs et des colombes se becquètent amoureusement.

En face, à droite des portes :

Faisant pendant à *l'Hiver*, *l'Automne* : une bacchante endormie sur la croupe d'un tigre ; le vin versé par l'Amour l'a enivrée ; sa main défaillante a abandonné la coupe ; un Génie emporte l'amphore vide et les grappes mûres dédaignées.

Parallèlement, *l'Été*. Vaincue par le dur labeur de la journée et la chaleur torride, une moissonneuse s'est assoupie sur une gerbe de blé; son compagnon de travail, courbé sous le poids de plusieurs gerbes, la considère amoureusement.

Sur la paroi qui faisait face aux portes d'entrée de la galerie, trois compositions de même style et de même caractère :

Uranie : couronnée d'un diadème d'étoiles et assise triom-

phalement sur la sphère de la terre, la muse va mesurer de son compas d'or les mondes qui viennent, sous la forme d'étoiles et comme des papillons sur une fleur, s'abattre sur sa main gauche ; dans le fond, Séléné et une comète à la chevelure de feu.

L'Abondance : appuyée sur un chapiteau, elle tient d'une main la corne symbolique remplie de fleurs et de fruits ; de l'autre, une gerbe de blé d'or. Autour d'elle sont épars les attributs du Commerce et de l'Industrie, des amphores, des caducées, etc.

L'Agriculture : figure de femme assise, accoudée fièrement sur un socle de charrue, un bâton de berger à la main ; un bœuf accroupi, des branches de vigne, une ruche, caractérisent sa richesse et ses vertus.

Toutes ces compositions, dont nous pouvons donner une reproduction, grâce aux calques exécutés par Léon Benouville, avaient un grand caractère décoratif. Leur exécution, la clarté et la vigueur du coloris, la pureté et l'ampleur du dessin, faisaient le plus grand honneur au talent du jeune maître, qui y consacra toute une année, de 1852 à 1853. Chacune des compositions mesurait 2^m,95 de largeur. Lorsqu'on pénétra dans l'édifice après l'incendie, dès le 28 mai, on trouva les peintures assez bien conservées; le feu les avait épargnées. M. Ballu, architecte du nouvel Hôtel de Ville, se préoccupa de les sauver. Sur ses ordres, on essaya de scier la muraille et de les transporter sur châssis; mais cette opération ne réussit point; la pierre s'effritait sous la scie. On dut laisser les panneaux en place. Ils ont été détruits lorsque l'on a rasé les ruines. Les esquisses de ces peintures sont au musée d'Angers et au musée de Lyon.

Les tympans au-dessus des voussures, des portes et des croisées étaient couverts par des compositions de Cabanel, qui y avait représenté les douze mois de l'année au moyen des allégories suivantes :

Janvier : Un pèlerin demande l'hospitalité. — Février : Mascarade d'enfants. — Mars : Scène d'inondation. — Avril : Le Printemps. — Mai : Les Amours. — Juin : Faucheurs. — Juillet : Moissonneurs. — Août : Récolte de fruits. — Septembre : Vendanges. — Octobre : Chute des feuilles. — Novembre : Chasse. — Décembre : Une femme accroupie dans la neige.

Ces peintures, d'un dessin très souple et d'une couleur délicate, s'harmonisaient agréablement avec celles de Benouville. Leur ensemble constituait une décoration d'un goût excellent. Tout a été complètement détruit.

VIII

SALLE DU TRONE

Cette salle, avant la construction de la grande galerie des
Fêtes, portait la dénomination de grand'salle de l Hôtel de Ville
et servait aux réceptions de la municipalité, aux grandes fêtes prin-
cières et royales. Elle fut achevée en 1613. Les registres de la ville
contenaient de nombreux documents relatifs à sa construction et
à sa décoration. Elle était ornée de deux cheminées monumentales
placées à ses deux extrémités, et que l'on considérait avec raison
comme deux chefs-d'œuvre. L'une, datant de 1613, était de Pierre
Biart[1] et David de Villiers, qui avaient tous les deux le titre de

1. Pierre Biart descendait d'une famille d'artistes, dont un membre, Noël Biart, apparaît dans
un compte municipal de 1508. — Dans les comptes
de la maison du roi pour 1608, nous voyons
figurer Pierre Biart parmi les gens de métier et
comme sculpteur ordinaire du roi. Sauval, dans
ses *Antiquités de Paris*, signale avec beaucoup
d'éloges deux statues de captifs, dont Pierre Biart
avait orné l'extérieur de la petite galerie du Louvre et qui furent détruites lorsqu'on remania cet
edifice, pour y établir les appartements d'Anne
d'Autriche. Germain Brice, et avec lui tous les

« sculpteurs du roy. » Le texte du devis des travaux et du prix fait contresigné par le prévôt des marchands, les échevins et par les deux artistes a été conservé. Il nous servira de description originale de cette œuvre :

Devis des ouvraiges de massonneries, pierre de taille et sculpture qu'il convient faire pour la construction d'ung grand manteau de chemynée dans la grand'salle de l'Hostel de ceste ville de Paris.

« Premierement, la platte bande, jambages et sommiers de lierre des carrières de Paris y seront taillées les moulleures, termes et ornemens de moulleure comme il est marqué sur le modelle et desseing ; plus au milieu de la platte bande il sera appliqué une table de marbre noir, et à costé de la table de marbre noir, deux tables de marbre incarnadin, de blanc meslé.

« Plus, au dessus de la platte bande jusques au plancher, sera ladicte cheminée remplye pour son principal corps de pierre de Toussy, la plus belle qui se pourra trouver.

« Sur la platte bande, il y aura deux enroullemens pour le frontispice où il sera posé deux fleuves, et au millieu ung navire tout de pierre de Tonnerre, ensemble les enroullemens du fronton couppez garnis chacun de une pièce de marbre Broquatel ou Affricquain.

« Au dessus des fleuves et à costé du quadre, seront posez deux collonnes de marbre noir d'ordre composite, avec ses chappitteaux et bazes de bronze de haulteur de huict piedz ou plus.

« A costé des collonnes, une figure de six pieds de haulteur de pierre de Tonnerre, telle qu'il plaira à messieurs les prevost des marchans et eschevins, et derrières lesdictes figures des

---

historiens de Paris, y compris Leroux de Liney, en font un élève de Michel-Ange qui mourut en 1564; mais Berty fait observer avec raison que Biart ne peut être né assez tôt pour avoir étudié sous Michel-Ange, puisque l'artiste parisien est mort le 17 septembre 1609, âgé de cinquante ans.

tables de marbre rouge et ung petit feston au dessus, aussy de pierre de Tonnerre.

« Dessus les collonnes il sera pozé corniche, frize et arquitrave avec son frontispice, orné de ses moullures et ornemens propres et convenables au desseing, le tout de pierre de Tonnerre, et dedans la frize y aura du marbre vert Affricquain.

« Au millieu du frontispice seront mises les armes de France et de Navarre avec une grande targe à double cuir avec la couronne en dessus, le tout de pierre de Tonnerre.

« A costé du frontispice et au dessus des collonnes et corniches seront posées deux figures de victoires, une de chacun costé, de grandeur compectante, assizes et estandues le long dudict frontispice, tenant d'une main ladicte targe et de l'autre palmes ou autres choses descentes, selon qu'il sera advisé pour le mieux, le tout aussy de pierre de Tonnerre.

« Au dessus desdictes corniches et fronton, sera faicte une eslévation en forme d'aticque orné de moullures et marbres, comme il est porté par le desseing, lequel sera pour cest effect paraffé par messieurs, ladicte ellévation faicte aussy de pierre de Tonnerre.

« Seront tenuz les entrepreneurs rendre l'ouvrage faicte et parfaicte dans le dernier jour de juillet prochain venant, orné et enrichy selon le d. desseing, et ainsy qu'il est déclaré cy dessus par le menu avecq les changements y contenuz et spécifiiez; et pour cest effect fourniront lesdicts entrepreneurs de touttes matières à leurs despens, soit pierre de lierre, pierre de Tonnerre, marbres, cuivres et touttes aultres choses à ce nécessaires, non compris le fer qui sera fourni par la ville, paynes d'ouvriers et générallement tout ce qui sera besoing pour rendre l'œuvre bien et deuement faicte et parfaite au dire de gens ad ce cognoissans, de rendre place nette dans ledict temps, moyennant la somme de trois mil livres tournois... »

Cette cheminée, en outre, était dorée et peinte[1] avec un très grand luxe. Dans le cadre du milieu se trouvait l'écusson de la

SALLE DES CARIATIDES
Peinture de Cabanel.

ville, et entre les deux Renommées les bustes de l'empereur Napoléon III et de l'impératrice, sculptés par Crauk et placés en 1860.

1. Nous croyons intéressant de reproduire le devis de ces travaux, qui se trouvait également dans les archives de la ville :

Devis des ouvrages de dorures et peintures, et annablossimens sic *qu'il convient faire la cheminée de la grande salle neufve de l'Hostel de la Ville.*

Premierement. Les jambages de ladicte cheminée seront dorés sur leurs ornements de sculpture qui y sont sculptés, et qui font le cintre tant de la corniche de la platte bande que des dictz jambages, ensemble l'ornement qui va au dessus.

Plus aux Termes des d. jambages, sera doré les linges ou drapperie qui pendent sur le devant des d. Termes, avec les coussins qui portent la corniche de ladicte cheminée, ensemble les revers de l'ornement et les chappelets de rozes qui sont et qui deppendent de l'ornement desdicts Termes.

Plus, le cadre de la d. cheminée sera doré tout à plat avec ses fillets, et le tout renfondré de coulleur brune avec les ornemens appellez oues; et celuy qui va au dessus dudict cadre, dorez comme le d. cadre.

Item sera le vaisseau du navire de la ville enrichy, doré, relevé de coulleurs aux lieux où il sera nécessaire.

Item seront les drapperies et affiullemens de teste, avec les corps d'abondance, des figures couchées près ledict navire enrichy d'or tout à plat.

Item seront les revers d'habits et instrumens des mains que tiennent en main *sic* les figures debout dorez à plat.

Item seront les armes de France et de Navarre, enrichies et dorées comme il sera raisonnable.

Item seront les ailes et trompettes des Renommées dorées, et aussy les revers de leurs linges.

Item seront dorez tous les fillets de ladicte cheminée.

Item aux costez d'icelle cheminée, aux lieux nécessaires, seront peints des marbres de coulleurs.

Item seront feincts des ornements sur les corps d'architecture qui n'ont esté sculptez, et lesdicts ornements seront dorez.

Cejourd'huy, messieurs les prévost des marchans et eschevins de la ville de Paris ont faict marché avec Anthoine Bornat, maistre peintre à Paris, de faire par luy touttes et chacune des ouvraiges de peintures et dorures et enrichissemens mentionnez au devis cy devant transcript, et fournir par luy touttes choses à ce nécessaires pour faire lesdicts ouvraiges et le tout rendre bien et deuement faict et parfaict au dire du maistre des œuvres de la ville et aultres gens ad ce congnoissans, du desir et suivant ledict devis, dedans le jour de la Pentecoste prochainement venant, le tout moyennant le prix et somme de deux cens livres tournois qui seront payez au dict Bornat au feur et à mesure qu'il travaillera, par Me Claude Lestourneau, receveur du domaine de ladicte ville, et selon noz ordonnances et mandements.

Faict au bureau de la ville, le jeudy dixiesme jour d'avril mil six cens quatorze.

La seconde cheminée était de Thomas Boudin, « maistre sculpteur à Paris », et avait été exécutée dans les années 1617 et 1618.

SALLE DES CARIATIDES
Peinture de Cabanel.

Six cariatides à têtes de satyres et de nymphes, de six pieds de
hauteur, en pierre de Tonnerre, soutenaient la table de plus de
trois mètres de longueur, sur laquelle se dressaient deux figures
en pierre sculptée, une Junon et une Minerve. Deux Renommées
soutenaient l'attique. Dans un médaillon ovale en bois, sculpté par
les frères Hubert, était placé le portrait équestre de Napoléon III,
par Horace Vernet. Ce tableau, qui mesurait 3^m,40 de hauteur sur
2^m,80 de largeur, avait été payé à l'artiste 22,000 francs. L'arrêté de
commande est du 19 mars 1855. Par arrêté en date du 6 mars 1857,
l'administration préfectorale chargea Martinet d'exécuter une
gravure au burin de cette œuvre, pour laquelle il lui fut alloué
28,000 francs. Sur la tablette, entre les deux figures, était une
statue allégorique de la ville de Paris en bronze, la tête ornée
d'une couronne obsidionale. Les parois du mur faisant face aux
fenêtres étaient couvertes de quatre vastes compositions de
Séchan, peintes à la colle et représentant Paris aux diverses
époques de son histoire, au moyen de la reproduction des
monuments s'y rattachant :

1er TABLEAU : Ve siècle. — La naissance de Paris. Lutèce est montée sur le
navire, emblème du commerce, qui a fondé sa puissance et qui forme aujourd'hui
la principale partie de ses armes. Des attributs divers caractérisent la colonisation

romaine dans les Gaules : les Thermes de Julien, des temples païens, des statues;
de divinités, un aigle, un trépied de sacrificateur.

2e TABLEAU : XIIe *siècle*. — Des armures de chevaliers, étendards de croisés
chartes d'affranchissements de communes; la philosophie caractérisée par le
tombeau d'Héloïse et d'Abailard. Au fond les grands monuments de l'époque :
Notre-Dame, la Sainte-Chapelle, le Châtelet.

3e TABLEAU : XVIIe *siècle*. — La ville de Paris en Minerve tient d'une main
une statuette d'Apollon, emblème de l'art, et de l'autre un plan qui se déroule,
emblème de l'extension de son enceinte et des grands travaux d'architecture exécutés à cette époque. A ses pieds, une palette, un ciseau de sculpteur, une lyre,
des lauriers, une épée. Au dernier plan, les silhouettes de la colonnade du Louvre,
le dôme des Invalides, l'arc de triomphe de la porte Saint-Denis.

4e TABLEAU : XIXe *siècle*. — Les emblèmes de l'Industrie, du Commerce, de
l'Agriculture, de la Science, sont groupés au premier plan. Au second, les grandes
constructions du siècle, la Bourse, le nouvel Hôtel de Ville, l'arc de triomphe
du Carrousel, la fontaine Louvois, etc.

Gosse avait exécuté les figures de ces compositions, qui
furent payées par la ville à Séchan 12,000 francs. Les dessus
de portes étaient ornés des attributs de la Justice, du Travail,
de la Concorde et de la Prudence. Sur les portes on avait peint
en médaillons les portraits des grands hommes, dont les noms
figuraient ainsi sur l'inscription :

SULLY. — Économie politique.	JEAN GOUJON. — Sculpture.
COLBERT. — Administration.	PH. DELORME. — Architecture.
BOSSUET. — Éloquence.	VAUBAN. — Génie militaire.
MONTESQUIEU. — Législation.	BUFFON. — Histoire naturelle.
CORNEILLE. — Tragédie.	DESCARTES. — Science.
MOLIÈRE. — Comédie.	DUGUAY-TROUIN. — Marine.
NICOLAS POUSSIN. — Peinture.	TURENNE. — Guerre.

Le plafond était formé de caissons en large saillie, losanges
et carrés alternés. Au centre des caissons en carré étaient insérées,
dans des médaillons, des compositions allégoriques représentant
les Arts et les Sciences.

———

IX

SALON DE LA PAIX

Ce salon avait été décoré par Delacroix, qui avait exécuté là une œuvre de génie. La décoration comprenait :

1° Un plafond circulaire mesurant 8 mètres de circonférence;

2° Huit caissons allongés autour de la composition centrale;

3° Onze tympans demi-circulaires au-dessus des portes et des fenêtres.

Théophile Gautier a décrit magistralement l'œuvre de Delacroix. Nous ne pouvons mieux faire, pour en conserver le souvenir vivant, pour en donner une idée précise, que de reproduire cette page étincelante :

Le sujet du plafond principal était la Terre éplorée, levant les yeux au ciel pour en obtenir la fin de ses malheurs. En effet, Cybèle, l'auguste mère, a parfois de bien mauvais fils qui ensanglantent sa robe et la couvrent de ruines fumantes; mais le temps de l'épreuve est passé; un soldat éteint sous son talon de fer la torche de l'incendie; des groupes de parents, des couples d'amis séparés par les discordes civiles, se retrouvent et s'embrassent; d'autres, moins heureux, ramassent pieusement de tristes victimes.

Au-dessus, dans un ciel bleu d'azur, doré de lumières, d'où s'enfuient les nuages, derniers vestiges de la tempête balayée par un souffle puissant, apparaît la Paix, sereine et radieuse, ramenant l'abondance et le chœur sacré des Muses, naguère fugitives; Cérès, couronnée d'épis et appuyée sur sa blonde gerbe que ne fouleront plus désormais les pieds d'airain des chevaux de guerre, repousse l'impitoyable Mars et les pygmées qui se

HERCULE EMPORTE LE SANGLIER D'ÉRYMANTHE, PAR DELACROIX

(SALON DE LA PAIX).

réjouissent des calamités publiques; la Discorde, que blesse cette tranquillité lumineuse, s'enfuit comme un oiseau nocturne surpris par le jour et cherche pour s'y cacher les ténèbres de l'abime, tandis que, du haut de son trône, Jupiter, de ce même geste qui foudroya les Titans, menace encore les divinités malfaisantes, ennemies du repos des hommes.

HERCULE ENFANT, PAR DELACROIX

(SALON DE LA PAIX).

Tel était le thème développé par l'artiste et auquel se rattachaient les caissons et les tableaux de la frise. Il était, comme on voit, purement allégorique et par cela même prêtait beaucoup à la peinture, qui a besoin avant tout de nu et de draperies, principalement lorsqu'elle est suspendue au-dessus de la tête des spectateurs.

La figure de la Terre personnifiée est très belle: c'est bien là l'*alma parens* blessée par ses enfants cruels et s'adressant aux puissances célestes avec un geste de douleur majestueuse: les figures difformes des monstres mis en fuite par le retour de la Paix

contrastent, par leur expression hideuse et bestiale, avec la beauté intelligente des
groupes supérieurs. Les parents qui soulèvent entre leurs bras le corps du blessé sont
disposés dramatiquement; et le soldat écrasant sous son pied les brandons de discorde
a une tournure forte et robuste et cependant pacifique, tout à fait en harmonie avec son
action; le cortége des Muses offre des poses gracieuses, aériennes, qui rappellent sans

HERCULE REND ALCESTE A SON MARI, PAR DELACROIX
(SALON DE LA PAIX).

l'imiter la danse des Heures autour du char d'Apollon du palais Rospigliosi; la Paix
et la Cérès sont également bien réussies, mais le Jupiter est moins heureux; la nécessité de la perspective linéaire et aérienne lui donne à la hauteur où Delacroix l'a
placé des proportions restreintes et des tons affaiblis par l'interposition de l'atmosphère.
La logique le voulait ainsi; pourtant cette figurine noyée dans la vapeur ne semble

HERCULE ENTRE LE VICE ET LA VERTU, PAR DELACROIX
(SALON DE LA PAIX).

guère redoutable pour les groupes anarchiques et monstrueux qu'elle envoie à l'abime.
— N'était-ce pas le cas d'user de ces artifices dont les peintres du moyen âge se servaient
lorsqu'ils avaient à exprimer la puissance et représentaient le Christ ou la Vierge sous
des proportions colossales parmi des figures beaucoup plus petites? Sans aller aussi
loin, Delacroix aurait pu ne pas reculer son Jupiter jusqu'aux profondeurs de l'Empy-

rée et lui faire châtier l'anarchie et la rébellion de plus près, ce qui aurait permis de lui donner plus d'importance. Il est vrai que la foudre porte loin et que, la Paix étant la principale figure du plafond, Delacroix lui a sacrifié l'olympien.

L'éclat neuf de la grosse guirlande dorée qui cerclait le plafond nuisait peut-être un peu au ton général de la composition, qui était très fin et très léger; mais cette crudité brillante s'éteint d'elle-même au bout de peu de temps, et alors l'harmonie est parfaite.

Les caissons enclavés dans le dessin ornemental du plafond contenaient des divinités bienfaisantes amies de la Paix : Cérès, la mère nourricière du genre humain; la Muse, noble fille du loisir; Bacchus, le doux père de joie; Vénus qui, selon le pro-

MERCURE, PAR DELACROIX

(SALON DE LA PAIX).

verbe, a froid sans Bacchus et sans Cérès; Mercure, qui préside au commerce; Neptune calmant les flots soulevés par le récent orage; Minerve, la vierge sage, portant sur sa poitrine la cuirasse d'azur des guerriers et sur son cimier le hibou, symbole de la pensée, et enfin Mars, enchaîné comme un Scythe captif dans un triomphe athénien. Le Bacchus, parmi ces figures, toutes d'un beau caractère et d'une grande tournure, se distinguait par la poésie de la couleur : le sang de la grappe circulait comme une pourpre divine dans son beau corps affaissé sous les pampres; une demi-teinte rose voltigeait autour de lui comme le reflet d'une coupe de cristal remplie de nectar et traversée par un rayon de soleil.

Onze sujets, tirés de la vie d'Hercule, formaient autour de la salle comme une sorte de frise interrompue par les baies des fenêtres et l'élévation monumentale de la cheminée.

Les compositions se suivaient sans ordre chronologique selon les convenances de juxtaposition et de contraste : Hercule, exposé après sa naissance, est recueilli par Minerve qui l'apporte à Junon. Le robuste enfant prend le sein de la déesse et en fait sortir la voie lactée. Plus loin, il ramène Alceste des enfers et la rend à Admète son époux; il tue le centaure, survivant retardataire des créations monstrueuses; il enchaîne Nérée, dieu de la mer, pour le forcer à lui révéler les secrets de l'avenir; il s'empare, triomphe plus facile, du baudrier d'Hippolyte, reine des Amazones, il étouffe Antée, que la Terre, mère de ce Titan, essaye en vain de secourir; il délivre Hésione, fille de

PLAFOND DU SALON DE LA PAIX, PAR DELACROIX.

Laomédon, exposée pour être dévorée par un monstre marin, comme Andromède et comme Angélique; il écorche le lion de Némée pour se revêtir de sa peau; il apporte sur ses robustes épaules le sanglier d'Érymanthe, qu'il a pris tout vivant à la course.

Dans un autre cadre, placé entre le Vice et la Vertu, à ce carrefour du chemin où la vie se bifurque comme l'Y de Pythagore, il n'hésite pas à suivre le guide austère qui mène à la gloire à travers les travaux et les périls.

Le dernier tableau de la série représentait Hercule arrivé au bout de la terre et se reposant auprès de ces colonnes fameuses, bornes du monde, au delà desquelles verdit l'immense Océan, aux solitudes inconnues. Le demi-dieu est assis dans une attitude de repos puissant, avec la tranquillité d'un héros qui n'a plus rien à faire, et dont la mis-

(SALON DE LA PAIX).

sion est accomplie. Cette figure est superbe; on ne saurait mieux rendre la majesté formidable et calme de la force, et la joie sereine d'une grande tâche terminée. Au second plan le soleil, ayant terminé sa course, replonge dans la mer avec son attelage fumant; les teintes violettes du crépuscule se mêlent à l'azur froid du soir. Tout est quiétude, silence, fraîcheur. La symbolique journée du héros dompteur de monstres et protecteur des opprimés est finie; le monde peut respirer.

Le lien qui rattachait ces sujets à l'idée principale exprimée dans le plafond circulaire était sensible à l'esprit comme aux yeux :

> Hercule promenait l'éternelle Justice
> Sous un manteau sanglant, taillé dans un lion.

C'était le chevalier errant, le redresseur de torts du monde fabuleux; il réduisait les forces désordonnées et rebelles, achevait de faire disparaître les Chimères hybrides, échappées aux cataclysmes des déluges, tuait les brigands et, mettant ses muscles invincibles au service des faibles, il préparait le règne de la Paix.

Cette œuvre considérable, pour laquelle l'administration municipale avait alloué au maître une somme de 3o,ooo francs, fut commencée en 1852 et terminée dans le cours de l'année 1854.

Delacroix en entreprit les études peu de temps après l'achèvement du plafond de la galerie d'Apollon. Les études sur toile furent très sommaires; le maître n'exécuta qu'un carton pour le grand plafond, un autre pour l'un des caissons et une esquisse pour un dessus de porte. Il fit, par contre, une

HERCULE ENCHAINE NÉRÉE, PAR DELACROIX
SALON DE LA PAIX.

série considérable de dessins au crayon et à la plume, dessins très étudiés, qu'il eut l'intention un instant de publier en album lithographique; un marchand de couleurs se préoccupa de lui préparer, dans ce but, un papier à lithographie spécial; mais Delacroix ne donna pas suite à ce projet, la sujétion de se servir exclusivement de ce papier le gênant beaucoup; le grand artiste prenait, en effet, le premier morceau de papier venu qui lui tombait sous la main lorsqu'il avait à fixer une idée quelconque dans un moment d'inspiration.

Dans les agendas, carnets de poche et albums inédits de Delacroix, nous avons trouvé un certain nombre de passages plus ou moins longs, se rapportant à l'exécution de l'œuvre de l'Hôtel de Ville. Ainsi, à la date du 2 février 1852, Delacroix note que c'est ce jour-là qu'il a trouvé, ou à peu près, et jeté sur toile la première pensée de son plafond : cette esquisse représentait la

Paix, assise sur un trône dans les nuages, ayant à sa droite
Cérès qui chasse Mars, et à sa gauche l'Abondance faisant face à
la Discorde. La Terre demande grâce. On éteint les torches, on
relève les morts, on s'embrasse; Jupiter, dans le ciel, s'apprête à
jeter ses foudres. Cette esquisse, qui mesure 30 centimètres environ, avait été acquise à la vente posthume de Delacroix par feu
Leighton, l'éminent artiste anglais, président de la Royal Academy.
Elle est particulièrement remarquable par son coloris superbe et

HERCULE ÉTOUFFE ANTÉE, PAR DELACROIX
(SALON DE LA PAIX).

par son caractère décoratif. C'est là que Delacroix a trouvé ce
premier ton si original du ciel, qui excitait une admiration pro-
fonde, pour ne pas dire un vif étonnement, parmi les peintres.

A la date du 13 février, le maître note qu'il est fort occupé
de la composition des caissons. Les sujets représentaient Mars
enchaîné, Neptune apaisant les flots, Bacchus pressant une grappe
dans un cratère, Mercure s'attachant ses pétases, Minerve, Cérès,
Vénus, les Muses, etc. Delacroix exécuta ces études au pastel,
dans une coloration très blonde et très fraîche; mais elles ne lui
servirent que fort peu; la composition définitive présenta des
modifications très sensibles à tous les points de vue.

Le 20 février 1852, d'après son agenda, Delacroix travaille aux dessus de porte et choisit, comme sujets des compositions, les diverses phases de la vie d'Hercule :

> Hercule, allaité par Junon et Minerve.
> Hercule, entre le Vice et la Vertu.
> Hercule écorche le lion de Némée.
> Hercule emporte le sanglier d'Érymanthe.
> Hercule délivre Hésione.
> Hercule étouffe Antée.
> Hercule est vainqueur d'Hippolyte.
> Hercule enchaîne Persée.
> Hercule tue le Minotaure.
> Hercule rend Alceste à son mari.
> Hercule, aux colonnes d'Hercule.

Vers le 8 avril, les esquisses de ces dessus de porte étaient terminées: elles avaient été exécutées sur des petites toiles de 10, dans une tonalité un peu sombre.

Le 8 mars, M. Andrieu, l'élève préféré de Delacroix, « son clerc », comme il l'appelait amicalement, commençait à tracer sur la toile définitive les premiers traits de la composition, pendant que le maître achevait les esquisses des dessus de porte. Delacroix avait en ce moment son atelier rue Notre-Dame-de-Lorette. Suivant son habitude, il passa plusieurs jours à composer sa palette, en faisant broyer des tons composés, auxquels il donnait des noms ou des chiffres spéciaux M. Andrieu possède une grande quantité de ces essais sur toile, sur papier et sur panneau, essais fort curieux tant au point de vue scientifique qu'au point de vue artistique. Les dessins des personnages furent pris sur les bas-reliefs artistiques dont Delacroix possédait une superbe collection, et qu'il copiait très souvent avec une passion toujours nouvelle.

Pendant l'exécution du travail à l'atelier, rien à signaler de particulier et d'intéressant dans les agendas ou dans les albums,

CHEMINÉE DU SALON DE LA PAIX, APRÈS L'INCENDIE.

sinon quelques petits incidents secondaires, relatifs à la palette :
« Le petit violet ou le gros vert étaient broyés trop clairs ou trop
foncés; on devait ajouter sur la palette un mélange de cire vierge
fondue dans de l'essence de térébenthine rectifiée, pour donner
à la peinture le mat exigé par l'éclairage de l'emplacement à l'Hôtel de Ville. »

Vers le 19 octobre, M. Haro commença à maroufler sur les
parois du plafond. Pendant ce travail, il fut fait bonne garde
autour du salon de la Paix; personne n'était admis à voir l'œuvre
du maître.

Dans son agenda, Delacroix note, à ce propos, ce qui suit :

Mardi 19 octobre.

Commencé à coller à l'Hôtel de Ville. Tous les jours suivants j'y serai
assidu; je ne pense guère commencer à retoucher que samedi ou dimanche.

Mercredi 20 octobre.

Ce matin j'ai fait enlever toutes les planches, et la vue de l'ensemble m'a
rassuré. Tous mes calculs relatifs à la proportion et à la grâce de la composition
locale sont justes, et je suis ravi de cette partie du travail. Les obscurités, qui sont
l'effet de cette salle et auxquelles il était impossible de s'attendre à ce degré, seront
facilement corrigées, je l'espère.

Vendredi 22 octobre.

Travaillé toute la journée à mes retouches du plafond, et tous ces jours des-
siné, avec des chances diverses d'ennui et de joie, ce qu'il y a à faire en gigantesque; mais, si je ne suis pas malade, je m'en tirerai.

Une indisposition, en effet, vint empêcher Delacroix de terminer à temps le travail de retouche. Un mois après, il écrit, à la
suite d'une séance à la mairie du quatrième arrondissement pour
le choix des membres du jury :

Déjà fort indisposé, je suis rentré, après avoir été un instant à l'Hôtel de Ville et ai fait tout le chemin à pied; mais c'est peut-être une vaillantise, qui ne m'a pas réussi. Peut-être eussé-je été plus malade sans cela? Mais, à partir de ce jour, a commencé l'indisposition qui m'a fort retenu et fort donné à penser sur la sottise de vouloir se « crever » de travail et compromettre tout par le sot amour-propre d'arriver à temps.

A dater de ce jour, Delacroix ordonna de faire couvrir de papier les peintures du salon de la Paix, et se décida à attendre,

BACCHUS, PAR DELACROIX
(SALON DE LA PAIX).

pour les montrer au public, qu'il en fût content et qu'il eût achevé le travail de retouche.

Voici ce qu'il écrit sur cet incident, à la date du samedi 27 novembre :

Il est décidé que mes plafonds de peinture vont être couverts de papier et la salle livrée au public. J'en suis enchanté; j'aurai le temps d'y revenir à loisir. Je viens d'examiner tous les croquis qui m'ont servi à faire ce travail. Combien y en a-t-il qui m'ont grandement satisfait au commencement et qui me paraissent faibles, insuffisants ou mal ordonnés! Depuis que les peintures sont avancées, je ne puis assez me dire qu'il faut beaucoup de travail pour amener un ouvrage au degré d'impression dont il est susceptible. Plus je le reverrai, plus il gagnera, du côté de l'expression, que la touche disparaisse, que la prestesse de l'exécution n'en soit plus le mérite. Il n'y a nul doute à cela, et encore combien de fois n'arrive-t-il pas qu'après ce travail obstiné qui a retourné la pensée dans tous les sens, la main obéit plus vite et plus sûrement pour donner aux dernières touches la légèreté nécessaire?

Delacroix reprit, le 25 juin 1853, le travail de retouche du plafond de la Paix. Ce ne fut qu'au prix d'efforts inouïs que l'on put raviver les peintures. Les tons clairs que l'on y plaçait étaient aussitôt dévorés par les dessous. On repeignit en bleu de ciel le fond des caissons, pour qu'ils s'harmonisassent avec les autres peintures; quelques parties de la composition furent même modifiées. Enfin, le 19 novembre, Delacroix lança des invitations dans le monde artistique et dans le monde officiel. On fut

unanime à proclamer le plafond du salon de la Paix un chef-d'œuvre et le pendant superbe du *Triomphe d'Apollon* du Louvre. A une fête qui eut lieu dans le courant de décembre, Delacroix put se rendre compte de l'effet des peintures à la lumière du gaz, au milieu de la foule et dans l'atmosphère surchargée d'un bal; il constata, à son grand chagrin, que, malgré tous les efforts, malgré toutes les retouches, la tonalité générale était restée sombre. Plus tard, dans l'exécution d'autres travaux, il ne cessait de répéter à ses aides : « N'allons pas faire comme à l'Hôtel de Ville. »

Dans la correspondance de Delacroix, publiée par M. Philippe Burty, nous trouvons les passages suivants relatifs à son œuvre du salon de la Paix, et incidemment au plafond d'Ingres qui décorait le salon de l'empereur.

5 mai 1853.

A M. X... J'ai eu, il y a quelques mois, un désappointement d'un autre genre. Vous avez eu la bonté de me parler de mes travaux de l'Hôtel de Ville que je considérais comme finis au mois de novembre, après avoir travaillé énor-

HERCULE VAINQUEUR D'HIPPOLYTE, PAR DELACROIX
(SALON DE LA PAIX).

mément pendant six mois pour obtenir le résultat. Le salon est si mal éclairé que je me suis vu forcé à retoucher partout et, comme je ne pouvais avoir assez de temps pour cette opération avant les fêtes qu'on se proposait de donner, j'ai fait couvrir le tout pour reprendre au printemps.

Ce mercredi, 1854.

A M. Andrieu... Ayez la bonté de refaire un ciel plus clair à *la Muse* par exemple, pas trop uni, mais éclairci de manière à faire bien à la lumière. Faites-en autant à *la Minerve* et, si vous le voulez, à *la Vénus...* Je ne serai pas en train de faire quoi que ce soit avant d'avoir revu aux lumières.

7 mars 1854.

J'ai achevé, mais seulement depuis peu de temps, mes travaux de l'Hôtel de Ville, à cause des retouches que j'ai été obligé d'y faire par suite de leur effet aux lumières que je n'avais pas suffisamment calculé.

9 mai 1854.

A M. X... Je ne sais si mon illustre confrère en plafond sera aussi satisfait de votre appréciation que je le suis pour ma part. Je suis entièrement de votre avis, à sçavoir *(sic)* que les camées ne sont pas faits pour être mis en peinture et qu'il faut que chaque chose soit à sa place. Je trouve aussi que vous avez bien fait d'exprimer l'opinion qu'il est ridicule de ne rien voir à l'Hôtel de Ville qui rappelle l'Hôtel de Ville : Mars, les Muses, Napoléon dans les nuages, n'ont

HERCULE DÉLIVRE HÉSIONE, PAR DELACROIX

(SALON DE LA PAIX).

effectivement rien de commun avec ce qui se passe dans une municipalité et l'on pouvait consacrer à cet objet une bonne partie des décorations.

De l'œuvre de Delacroix, il ne reste plus aujourd'hui que quelques esquisses partielles qui ont figuré à la vente de son atelier, esquisses acquises par MM. Leighton, Isambert et Dejean. Le feu, en même temps qu'il détruisait l'original, a anéanti les cartons et les dessins qui avaient servi à son exécution. M. Andrieu, auquel le maître les avait donnés, s'en était dessaisi quelques années auparavant en faveur du musée de la ville de Paris. Et le musée tout entier a été brûlé!

Le salon de la Paix était orné en outre de peintures décoratives exécutées par Oury, comprenant huit caissons-panneaux renfoncés, ayant 1ᵐ,25 de hauteur sur 2ᵐ,33 de largeur et renfermant chacun quatre écussons de feuilles de laurier sur fond d'or, modelés avec ombres portées, moulures, listels et oves formant cadres, exécutés en or rehaussé de tons blancs à chaque panneau.

La cheminée monumentale constituait une œuvre remarquable par ses proportions et par sa décoration : deux cariatides de marbre supportaient un attique, sur lequel étaient placés deux génies et les armes de la ville. Au milieu était une figure allégorique de la Paix, assise sur un siège et tenant à la main un rameau d'olivier. Un génie et deux cornes d'abondance déversant des fleurs couronnaient le fronton.

GALERIE DES FÊTES. H. L.

X

SALONS DES ARTS — SALONS DES PRÉVOTS

Ces salons, au nombre de deux, avaient reçu leur dénomination de la décoration allégorique exécutée par Landelle, qui comprenait, dans les hémicycles, trois compositions : la *Peinture,* une jeune femme assise sur des nuages, peignant une madone; l'*Architecture,* une femme accoudée sur un chapiteau, la main sur une base de colonne; la *Sculpture,* une femme devant un torse de statue, une tête antique à ses pieds. Il y avait là également ment des médaillons de Cabanel et de Benouville.

Sur la cheminée en marbre était une reproduction des figures de la Nuit et du Jour, du tombeau de Julien de Médicis par Michel-Ange. De chaque côté, dans l'entre-colonnement formé de colonnes d'ordre corinthien, l'architecte avait placé un candélabre avec cariatides d'une très belle exécution.

Deux salons portaient ce nom qui leur venait des cinquante-six bustes des anciens prévôts de la ville de Paris, depuis J. Morin (1524) jusqu'à Trudaine (1716), qui s'y trouvaient.

Le plafond du premier salon était décoré d'une composition allégorique de Riesener, relative au 2 décembre 1851 (payé 6,000 francs); et celui du second, d'une composition de Muller représentant l'affranchissement des communes en 1110 (même prix).

XI

GALERIE DE MARBRE

Dans cette galerie se trouvaient six tableaux d'Hubert Robert, qui provenaient de l'ancien hôtel Beaumarchais, démoli en 1818 pour l'ouverture du canal Saint-Martin. M. Berger, préfet de la Seine, en avait fait l'acquisition en 1852, et, après leur restauration, les avait fait placer là. Ces tableaux représentaient les sujets suivants :

Des femmes déposent des fleurs et des fruits aux pieds de la statue de Pomone. — Des bergers qui font boire leurs troupeaux aperçoivent un serpent qui vient boire à une fontaine surmontée de la statue du Laocoon et se disposent à le tuer. — Sous les arceaux en ruines d'un temple se dresse la statue du Gladiateur. Deux enfants se battent; la mère s'apprête à les séparer. — Appuyé sur le socle de la statue de Vénus Callipyge, un homme regarde tomber de son âne qui rue une bergère, dont les jupons se relèvent dans la chute et montrent une jambe délicieuse. — Un soldat bardé de fer achète des fleurs à des femmes groupées au pied du Marc-Aurèle du Capitole. — Des artistes copient l'Apollon du Belvédère. — Ruines d'un temple d'Hercule. — Un batelier conduit à Paphos un couple d'amoureux.

Quatre de ces toiles ont été entièrement détruites; de celles qui ont pu être sauvées, l'une était simplement recouverte d'une couche de suie et avait reçu une balle dans le haut; l'autre avait eu son vernis écaillé sous l'action du feu.

On les a confiées à M. Haro pour les restaurer.

Dans cette salle était placée la célèbre statue de Bosio, *Henri IV enfant*.

Le salon d'annonces avait été décoré par Court, et le premier salon de jeu par Lachaize.

XII

SALON DE L'EMPEREUR

Dans ce salon se trouvait l'*Apothéose de Napoléon,* par Ingres, l'une des plus belles œuvres de l'art moderne et la création la plus magistrale du grand artiste. Ce plafond était de forme ronde et mesurait environ 4 mètres de diamètre. Ingres en a décrit lui-même la composition :

« Napoléon est représenté s'élevant dans les airs sur un char d'or et quittant l'île de Sainte-Hélène qu'on aperçoit à l'horizon. Il est orné de la chlamyde, du long sceptre, de l'épée, d'une couronne de lauriers, et tient dans sa main gauche la boule du monde. Il est nu, ainsi que l'on représentait dans l'antiquité les héros déifiés; il est debout sur le char du triomphe. La Renommée est auprès de lui et pose la couronne civique sur la tête du héros. Quatre chevaux, pareils à ceux que l'on conduisit au sacre, sont dirigés par la Victoire vers le temple de l'Immortalité que l'on voit au fond du tableau. L'aigle triomphal plane dans les cieux; l'étoile brille au-dessus du héros et le signe du zodiaque marque sa route. Au bas, le trône reste vacant, gardé par l'aigle triste et fidèle; la France en deuil suit Napoléon du regard; elle cesse de pleurer et espère en sa race. Némésis poursuit et terrasse

GALERIE DES FÊTES. H. L.

l'Émeute et l'Anarchie qui rentrent dans l'abime. Sur les marches du trône on lit : *In nepote redivivus.* »

Comme complément de cette description sommaire, nous reproduisons la page pleine d'éloquence et de poésie que Théophile Gautier a consacrée à l'œuvre d'Ingres :

M. Ingres a conçu et exécuté comme l'aurait fait un artiste du temps de Périclès ou d'Auguste ce radieux et difficile sujet. Le plafond de l'Hôtel de Ville semblait détaché

de la pinacothèque des Propylées, où il eût pu figurer parmi les tableaux d'Apelles, de Polygnote, de Parrhasius et d'Euphranor.

Nous allons essayer, en regrettant l'impuissance de la parole, de donner à ceux qui ne l'ont pas vue une idée de cette composition magnifique.

La toile était de forme ronde, comme pour enfermer dans un cercle d'éternité l'apothéose qu'elle représentait.

Le souvenir de ce chef-d'œuvre est si vivant en nous que nous le voyons réapparaître.

Au sommet du tableau, au-dessus d'un segment de Zodiaque où s'ébauchent vapo-

GALERIE DES FÊTES, H. L.

reusement les signes du Lion, du Taureau et des Gémeaux, scintille cette étoile qui est devenue un des soleils du ciel de la gloire. Dans le bleu vierge de l'éther roule un char triomphal traîné par un quadrige de chevaux dignes d'être attelés au char d'Apollon, aussi purs de forme, aussi ardents d'allure qu'Aéthon, Eoüs, Phlégon et Pyroïs, et qui semblent, tant ils ont l'air fier et intelligent, doués de la parole humaine comme les coursiers d'Achille. Si leur noble robe n'était dorée de cette historique teinte isabelle des chevaux du sacre, on croirait qu'ils se sont élancés des métopes du Parthénon, au milieu de l'azur, tout frémissant encore du ciseau de Phidias; leurs crinières, droites et comme taillées dans le marbre pentélique, leurs narines roses et fumantes, leurs yeux couleur de violette qu'illumine une lumière d'argent, leurs cols de cygne fins et nerveux où se tord un réseau de veines, leurs poitrails beaux comme des torses de jeunes

dieux, leurs pieds aux sabots d'ivoire qui ne se sont jamais usés aux cailloux des sentiers
terrestres et qui battent comme des ailes la fluide plaine de l'air, en font une race à part,
destinée à transporter du tombeau à l'Olympe les héros divinisés. Le cheval que Neptune fit jaillir du sommet de l'Acropole avec un coup de trident ne pouvait, assurément,
offrir un type d'une beauté plus accomplie : des tétières, des chanfreins et des jugulaires
constellés de saphirs, d'émeraudes et de rubis qui ne le cèdent pas en élégance aux plus
riches bijoux de femme, composent leur harnois ou plutôt leur ornement, car aucun
lien ne les rattache au char entraîné par sa propre impulsion dans leur lumineux sil-
lage. Dédaignant les artifices connus, M. Ingres n'a pas pavé la route de son quadrige
aérien de ces lourds nuages blanchâtres, grand chemin des apothéoses vulgaires ; il l'a
hardiment lancé en plein éther, où le char étincelant et les blonds coursiers, soutenus

GALERIE DES FÊTES, H. L.

par leur propre légèreté, planent aussi aisément que l'aigle qui précède leur vol, l'en-
vergure éployée, la foudre entre les serres.

L'empereur, debout sur le char triomphal, comme un dieu sur un autel d'or, a
dans sa physionomie et dans sa pose la majesté sereine et la joie tranquille du héros
qui prend possession de son immortalité. Son torse nu semble fait de marbre et de
lumière, et jamais le ciseau grec n'a sculpté de formes plus pures, plus nobles, plus
éternellement jeunes, plus divinement belles. Les misères et les fatigues terrestres ont
disparu dans cette radieuse transfiguration. Cette chair, pétrie de pensées et de rayons,
ne porte plus aucun stigmate humain, pas même la trace des clous de diamant qui
fixaient le Titan au rocher de Sainte-Hélène ; quant à la tête, nous ne croyons pas que
le pinceau en ait jamais tracé une semblable. C'est la beauté des médailles et des camées,
jointe à une expression de génie suprême et de souveraineté irrésistible que l'antiquité

ne connut pas. La ressemblance s'allie si intimement à l'idéal, dans cet incomparable morceau, que cette tête, ceinte d'un laurier d'or, qui pourrait être celle de Mars, d'Alexandre ou de César, est le plus frappant et le plus réel portrait de Napoléon.

Le héros tient d'une main le sceptre surmonté d'un aigle, et de l'autre le globe du monde représenté par un saphir transparent comme la boule de la Fortune. Un mouvement aussi hardi que naturel fait chercher à ce bras un point d'appui sur la hanche, et presse contre le flanc la garde d'une épée à poignée romaine qui semble prête à défendre le globe. Ce geste, que M. Ingres seul pouvait risquer avec sa naïve sublimité de style, produit les plus heureuses inflexions de lignes. Le manteau impérial se développe amplement et splendidement derrière le César, et l'un de ses plis voltigeants lui entoure la tête comme d'une auréole de pourpre, nimbe du souverain et du guerrier.

GALERIE DES FÊTES, H. L.

Debout, près de lui, sur le char, une Renommée le couronne d'un cercle d'immortelles d'or, et tient abaissé un clairon dont la fanfare est inutile, car tous les échos de la terre renvoient, sans qu'on leur jette, le nom qu'elle proclamerait. Cette Renommée n'a pas l'attitude protectrice et victorieuse que les peintres donnent ordinairement à ces sortes d'êtres allégoriques : sa physionomie, sa pose, expriment comme un respect filial ; à son air de joie douce et de soumission attendrie, on dirait que le héros est son père, et que c'est avec une certaine crainte pieuse, comme Thétis touchant la barbe de Jupiter, qu'elle place sur ce front majestueux, qui d'un froncement de sourcil ébranlait l'univers, le signe et la consécration de l'immortalité. Une tunique d'un vert glauque, comme les yeux de Minerve ou les ondes de l'Océan, caresse les formes virginales de son corps charmant, et laisse nus des bras aussi beaux que ceux de Galatée dans la fresque de la Farnésine ; un caprice délicieux a présidé à l'arrangement de sa coiffure, la rapidité de sa course en fait onduler quelques mèches comme des flammes sur le front d'un génie.

Devant le quadrige, dont les guides se réunissent entre ses mains à la palme et à la couronne, attributs du triomphe, vole une Victoire aux ailes d'azur, d'un jet superbe et d'une incomparable grandeur de style. A la plus pure beauté féminine se mélange l'héroïsme le plus mâle et le plus élevé sur ce visage éclatant comme la gloire, tranquille comme l'éternité. Un péplum d'un jaune pâle voile sa poitrine d'un ton lumineux. Une tunique aux mille petits plis, fripée comme la draperie de la Victoire aptère, flotte jusqu'à ses pieds blancs, où elle bouillonne en écume rose. Cette figure, d'une grâce si fière, d'une élégance si hardie, que ses bras, levés en l'air, feraient nager dans le vide comme deux ailes blanches, à défaut des ailes bleues qui palpitent à ses épaules, égalait en beauté, si elle ne les surpassait, l'Iliade et l'Odyssée du plafond d'Homère; même style, même perfection, plus l'élan et la hardiesse aérienne.

Cette belle courrière conduit le char au temple de la Gloire, dont la rotonde à colonnes corinthiennes dessine son architecture splendide dans la vapeur d'or des apothéoses. A travers les entre-colonnements, apparaissent sur les murs de la cella des fresques représentant des combats homériques; ce temple, qui occupe le segment droit du plafond, semble avoir été tracé par Ictinus ou Mnésiclès sur un marbre de l'Acropole.

Au-dessous du groupe triomphal se découpent des crêtes de montagnes bleuâtres; et plus loin, dans le recul de la perspective, émerge du sein de l'Océan l'écueil volcanique de Sainte-Hélène. C'est de là que s'est élancé le cortège radieux qui aboutit au temple de l'immortalité, comme s'il fallait partir du malheur pour arriver à la gloire.

Dans la portion inférieure s'élève sur des degrés un trône vide et voilé où s'adosse un aigle fidèle, farouche et sévère, descendu là sans doute de la hampe d'un des drapeaux de la vieille garde; devant le trône un escabeau d'ivoire et d'or semble attendre le pied impérial. A gauche, la France, soulevant son manteau de deuil semé d'abeilles violettes, lève sa tête éplorée et ravie vers la vision étincelante, à qui elle tend les bras. Une courte inscription, tracée sur le velours du tapis : *In nepote redivivus*, explique et complète la pensée de l'artiste. De derrière ce trône jaillit, avec un mouvement d'une violence fulgurante, une figure robuste et terrible, au masque tragiquement crispé, qui n'aurait pas besoin d'avoir écrit en caractères grecs le nom de Némésis sur la bordure rouge de sa tunique blanche pour être reconnue à l'instant par tout le monde. Le bras en raccourci est superbe et digne de Michel-Ange pour la science du dessin et la force de la musculature. Cette apparition subite foudroie du geste un groupe de figures révoltées et furieuses qui rentrent comme de hideuses larves dans un brouillard noir où siffle le serpent de l'anarchie.

L'ordonnance merveilleuse de la composition, la sublimité du style, la sérénité du coloris, l'aspect monumental, enfin les plus hautes qualités de l'art se trouvaient réunies dans le plafond de M. Ingres. Tout était choisi, rare, exquis : ornements, bijoux, accessoires. La perfection des détails ne nuisait en rien à la grandeur de l'ensemble. Pour lui assurer l'éternité relative dont l'homme dispose, nous aurions voulu voir cette magnifique composition gravée sur une grande agate comme l'apothéose d'Auguste du trésor de la Sainte-Chapelle. Le camée moderne eût été digne du camée antique[1].

Ingres commença l'*Apothéose de Napoléon* en 1852. Il l'exécuta avec l'aide des frères Balze, rue de Lille, n° 41, dans un atelier que lui avait prêté son ami Gatteaux. Ce fut là qu'au commencement de février 1854, il reçut la visite de l'empereur et de l'impératrice. Dans une lettre adressée à son oncle, Mme Ingres

LE PRINTEMPS, PAR L. DENOUVILLE

(SALLE DES CARIATIDES).

en rend compte ainsi : « Le peintre reçut l'empereur au bas de son escalier et lui fit, avec lucidité et avec esprit, les honneurs de sa peinture. Il lui en indiqua toutes les pensées et il lui expliqua le caractère de l'exécution, lui laissant le soin de traduire à l'impé-

1. Nous signalerons en outre l'étude remarquable écrite sur *l'Apothéose de Napoléon*, par Gustave Planche dans la *Revue des Deux Mondes*, 15 avril 1853, et quelques pages parues dans la *Gazette des Beaux-Arts* (année 1864), sous la signature de Charles Blanc, et dont voici la conclusion :

« A l'époque où il se produisit, ce manifeste politique en peinture était capable d'indisposer et même d'irriter beaucoup de spectateurs. Cependant la bourgeoisie, toute froissée qu'elle était alors, consentit à admirer les parties vraiment admirables de cette apothéose, je veux dire la figure du héros triomphant, sur son char attelé de quatre chevaux superbes, conformes aux traditions du grand art et dessinés dans le sentiment de la plus haute sculpture, par un artiste à qui étaient familières les frises antiques et ces monnaies frappées à Tarente ou à Syracuse, sur lesquelles frémissent des attelages héroïques. »

ratrice les mots *In nepote redivivus* qui étaient inscrits comme un exergue sur ce tableau-médaille. Enfin on a été charmant de part et d'autre, et M. Ingres s'est tiré à merveille de cette réception. Il a même eu quelques à-propos des plus heureux. »

Un incident fort piquant de cette visite, que la lettre ne dit point, mais que Charles Blanc rapporte dans une étude sur Ingres, est celui-ci qui lui fut raconté deux ou trois jours après. « L'empereur et ses officiers, tous grands connaisseurs en chevaux, furent un peu surpris de la physionomie des coursiers que l'artiste avait attelés au char de son héros et qu'ils ne trouvaient guère ressemblants à ceux des écuries du Louvre. A la vérité, les hommes qui n'ont pas une certaine habitude des choses de l'art, et qui, faute d'une éducation toute spéciale, s'imaginent que la peinture est, selon les définitions anciennes, une simple imitation de la nature, ceux-là ont quelque peine à comprendre cette opération de l'esprit par laquelle on remonte du particulier au général, c'est-à-dire des formes naturelles aux formes typiques. Un spectacle purement allégorique et idéal ne saurait comporter l'image de ce que nous avons sous les yeux chaque jour, et, au contraire, tous les traits d'une semblable composition nous transportent dans un monde supérieur où la vérité naturelle serait déplacée, où le vraisemblable suffit. Faute d'être initiés à ces conventions qui sont l'art lui-même, quelques-uns des visiteurs trouvèrent étranges les allures des chevaux dans l'*Apothéose de Napoléon,* et l'un d'eux, s'adressant à Ingres avec une certaine pointe d'ironie, lui dit : « Vous avez sans doute peint ces chevaux d'après nature? — Certainement, monsieur, lui répondit le peintre, et les modèles, vous le savez, ne manquent pas... Il ne faut que descendre dans la rue pour y rencontrer des chevaux de fiacre. »

Le tableau fit partie de la section des beaux-arts à l'Exposition universelle de 1855.

L'*Apothéose de Napoléon* a été gravée dans le grand ouvrage, en cours de publication, exécuté sous le patronage et aux frais de la ville de Paris. L'administration des beaux-arts l'a fait reproduire en camée par David. Oudiné en a exécuté également pour la ville de Paris une reproduction en glyptique. L'arrêté préfectoral en date du 11 décembre 1854 allouait à l'artiste une somme de 8,000 francs pour l'exécution de ce travail. Il a été frappé à la Monnaie, de cette médaille, 1 exemplaire en or, 7 en argent et 304 en bronze, pour lesquels la ville de Paris paya à l'administration de cet établissement national une somme de 4,434 francs.

Ingres avait peint dans les voussures des figures allégoriques représentant les villes conquises par Napoléon Ier. Laurent Jan avait exécuté pour ces panneaux huit encadrements à l'huile, imitation d'or et composés de moulures avec ornements et lauriers, pour lesquels il avait reçu une somme de 880 francs.

Sur la cheminée était un portrait en pied de Napoléon Ier par le baron Gérard.

Dans le salon de l'empereur était placé le célèbre buste de Napoléon III en aigue-marine, chef-d'œuvre d'orfèvrerie lapidaire, exécuté en 1867 par la maison Froment-Meurice.

Le buste, sculpté dans une aigue-marine (la plus grosse connue), était posé sur un piédouche de jaspe sanguin et d'argent. Il se détachait sur un fond de jaspe rouge, orné de perles et d'étoiles de topazes, bordé de quintefeuilles d'améthystes.

Deux femmes, appuyées sur des enfants et assises sur des consoles de marbre rouge antique, personnifiaient la paix et la guerre; les nus étaient de cristal de roche fumé, les draperies d'argent.

La couronne impériale, au-dessus du buste, était ornée de perles, de rubis, de saphirs, d'émeraudes; la boule qui la surmonte était de lapis.

La composition d'ensemble avait été dessinée par Victor Baltard. Les modèles des figures avaient été exécutés par Maillet ; les modèles de l'ornementation par Gallois.

Léopold Humbert avait dirigé le travail d'orfèvrerie et de bijouterie.

La sculpture du buste d'aigue-marine était l'œuvre de Lagrange.

Cette merveilleuse pièce d'orfèvrerie a complètement été détruite.

On remarquait également dans ce salon des groupes en plâtre par Gruyère représentant les Arts et les Sciences, et quatre bustes de Canova provenant de la Malmaison : Jérôme, Louis, Lucien et Joseph Bonaparte, frères de Napoléon.

Il s'y trouvait, avant la révolution de 1848, un grand tableau représentant Louis-Philippe et la reine Amélie, exécuté en 1843 par Winterhalter, et qui lui avait été payé par la ville de Paris la somme de 6,000 francs. Ce tableau a disparu. Nous ne savons où il se trouve actuellement.

SALON DE LA PAIX
Peinture de Delacroix.

Peinture de H. Lehmann.

XIII

SALON DU ZODIAQUE

Le salon du Zodiaque, l'un des plus beaux de l'Hôtel de Ville, tenait cette dénomination de la représentation allégorique en sculptures sur bois des douze signes du Zodiaque. De petits médaillons ronds placés au-dessus des sujets indiquaient l'allégorie, dans l'ordre suivant :

1º Le Bélier. — Un voyageur en costume oriental appuyé contre un fût de colonne.

2º Le Taureau. — Femme drapée à l'antique supportant le médaillon qui contient le signe; près d'elle une corne d'abondance.

3º Les Gémeaux. — Diane chasseresse.

4º Le Cancer. — Un berger.

5º Le Lion. — Un faucheur.

6º La Vierge. — Un paysan coupant du blé.

7º La Balance. — Un paysan foulant du raisin dans une cuve.

8º Le Scorpion. — Un semeur.

9° Le Sagittaire. — Un homme allumant un feu de bois sur lequel rôtit un sanglier.

10° Le Capricorne. — Un homme présentant des fruits sur un plat.

11° Les Poissons. — Un philosophe ancien debout; près de lui un chien.

12° Panneau contenant dans un médaillon une couronne, un croissant avec un arc et un carquois.

Au-dessus, corbeille de fruits.

Dans l'ouvrage de Leroux de Lincy sur l'Hôtel de Ville, nous trouvons la note suivante relative à ces sculptures : « Les descriptions de la ville de Paris citent comme étant l'œuvre de Jean Goujon les sculptures en bois de la salle du Zodiaque attenant à la grande salle de réception et qui représentent les différents mois de l'année sous l'aspect de douze femmes avec des attributs qui les distinguent. Il est douteux cependant que ces sculptures de petit modèle soient l'œuvre originale de ce maître, et voici pourquoi : c'est qu'on les retrouve, mais sur une grande échelle cette fois, de la main de Jean Goujon, parmi les sculptures de l'hôtel Carnavalet. »

Leroux de Lincy a commis là une grave erreur. Les bas-reliefs de la porte du Zodiaque n'étaient point des réductions des *Quatre Saisons* de Jean Goujon qui ornent une des façades de la cour de l'hôtel Carnavalet. Les sujets allégoriques représentés ici et là n'offrent entre eux aucune analogie de composition et d'exécution. Ces bas-reliefs n'étaient assurément point du grand sculpteur. Les registres de compte de la ville ne contiennent aucune mention relative à leur exécution.

La cheminée qui décorait ce salon mérite également d'être mentionnée : elle se composait d'un entablement d'une simplicité de très bon goût, supporté par deux cariatides, deux femmes vêtues et les bras croisés. Le fronton était formé d'un médaillon représentant la tête de Henri IV laurée, avec deux génies, l'Agriculture et l'Abondance, comme supports.

AVTOMNE   SOIR

Dans cette salle se trouvaient quatre compositions de Cogniet entourant le plafond central et représentant les quatre saisons :

1° LE PRINTEMPS. — Vaste paysage idyllique : à droite, un lac encadré de verdure, de bois touffus d'où s'échappent des cascades argentées : au premier plan, des rochers pittoresques dentelés, couverts de mousse et de plantes grimpantes, à travers lesquels s'ébat un troupeau de chèvres. Au bord d'un ruisseau sont assis sur une roche un berger et une bergère qui poursuivent une idylle amoureuse. Dans le lointain, un village, des groupes d'arbres se détachent sur un fond de montagnes que baignent d'une lumière dorée les rayons crépusculaires d'un soleil de printemps.

Au bas de ce tableau, ainsi que dans les trois autres, étaient inscrits des vers des *Géorgiques* :

Luciferi primo cum sidere frigida rura
Carpamus, dum mane novum, dum gramina canent,
Et ros in tenera pecori gratissimus herba est.

2° L'ÉTÉ. — *Soir.* — Paysage chaud et coloré. Des chevaux guidés par de jeunes pâtres.

At rubicunda Ceres medio succiditur æstu,
Et medio tostas æstu terit area fruges.

3° L'AUTOMNE. — *Soir.* — Paysage mouvementé, plein d'accidents. Montagnes ardues couvertes de nuages ; des rochers, des gorges profondes ; dans le lointain, une ville sur un coteau ; au premier plan, des ruines de monuments, un cippe funéraire, une pierre tombale sous laquelle on aperçoit des ossements humains, des crânes. Groupe central : deux bœufs haletants tirent une charrue. A droite, des paysannes cueillant des fruits, conduisant un âne chargé de paniers remplis de produits des champs :

Agricola, incurvo terram molitus aratro,
Exesa inveniet scabra rubigine pila,
Aut gravibus rastris galeas pulsabit inanes,
Grandiaque effossis mirabitur ossa sepulcris.

4° L'HIVER. — *Minuit.* — Paysage hivernal. Des rochers couverts de neige.

des gouffres béants. Un sapin abattu par la hache du bûcheron jonche la terre de ses branches jaunies. Au second plan, un ours cherche pâture :

Sed jacet aggeribus niveis informis et alto
Terra gelu late, septemque assurgit in ulnas.

Ces compositions, exécutées en 1859, furent payées à l'artiste 32,000 francs. Elles ont été gravées par Outhwaitte et Édouard Willmann dans la série des estampes publiées par la ville de Paris.

Cogniet avait consacré dix années aux études et à l'exécution de cet important travail, qui était d'ailleurs une de ses meilleures œuvres. Il y apporta un soin tout particulier et une préoccupation de perfection qui le hantèrent jusqu'à la dernière heure de la besogne. L'architecte de l'Hôtel de Ville dut même employer la ruse pour éloigner le peintre de ce salon et le mettre, par l'enlèvement subit des échafaudages, dans l'impossibilité de faire de nouvelles retouches et de modifier quelques parties de la composition qui ne le satisfaisait point complètement.

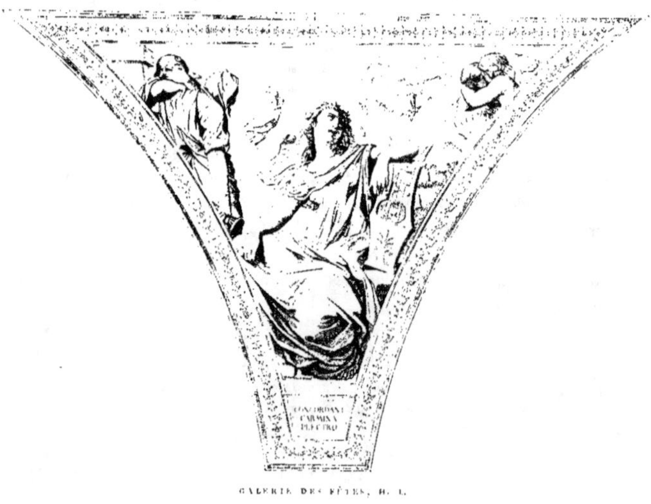

GALERIE DES FÊTES, H. L.

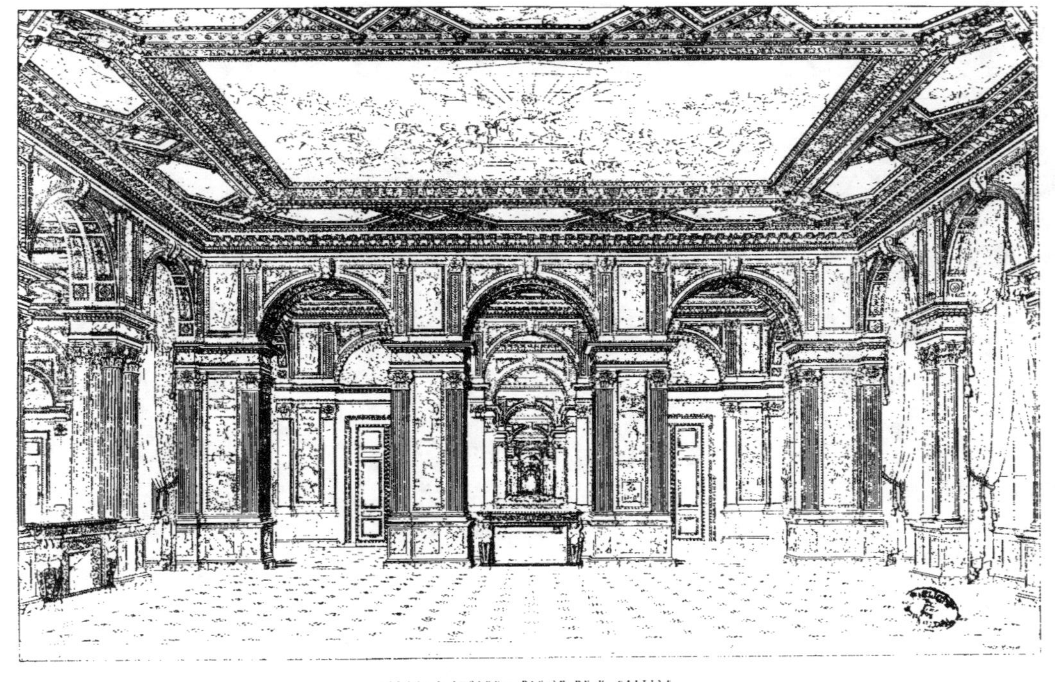

SALONS A ARCADES, DESSIN DE V. CALLIAT.

Peinture de H. Lehmann.

XIV

SALONS A ARCADES

L'un des trois salons à arcades, le premier, avait été décoré exclusivement par Schoppin qui y avait exécuté deux plafonds octogones, de 2^m,5o, représentant, l'un le Jour, l'autre la Nuit sous les traits d'Apollon et de Diane; sur les pieds-droits des arcades et sur les piliers du milieu, huit panneaux, de 3 mètres de hauteur sur o^m,7o de largeur, représentant allégoriquement les quatre Saisons et les Éléments, accompagnés de sujets emblématiques et d'attributs; douze panneaux, de 1^m.5o sur o^m,7o, représentant les signes du Zodiaque; huit panneaux, de 1^m,3o sur o^m,7o, représentant des génies allégoriques; deux dessus de portes, de 3 mètres de largeur sur 2 mètres de hauteur, représentant l'un François Ier et l'autre Henri IV.

Le deuxième salon avait un plafond de Picot, dont le sujet était :

> La Ville de Paris, assise sur un trône devant le temple de l'Immortalité, voit se grouper autour d'elle toutes les vertus, tous les biens et tous les arts qui font la force et la gloire de toute grande nation. A sa droite se pressent l'Abondance, la Paix, la Charité, la Médecine, etc. Dans une sorte d'hémicycle sont assis les grands hommes de la France.

La décoration exécutée par Auguste Hesse, qui complétait le plafond de Picot, comprenait dix sujets allégoriques sous la forme de femmes assises, représentant l'Agriculture, la Loi, la Justice, l'Industrie, la Physique, la Chimie, la Géométrie, la Théologie, la Médecine, la Mécanique, la Géologie, la Philosophie, l'Astronomie, la Marine, la Minéralogie, la Géographie et la Guerre.

Les peintures du troisième salon, exécutées par Vauchelet, étaient consacrées aux arts et aux lettres. Au plafond était une composition du même artiste représentant le Génie et la Vérité.

Autour de ces deux figures, des génies déroulaient des banderoles où se lisaient les noms de Molière, Corneille, Racine, La Fontaine, Boileau, Voltaire, Montesquieu, Regnard, Jean Goujon, Philibert Delorme, etc. Les dessus de portes étaient ornés des médaillons de Louis XIV et de Louis-Philippe. Vauchelet avait exécuté également sur les panneaux des extrémités de ce salon des figures allégoriques d'une grande originalité de composition, représentant la Tragédie, la Comédie, la Sculpture, le Dessin, l'Architecture, la Danse et la Musique. Les cheminées avaient été sculptées par Plantar. On remarquait dans le premier salon une belle pendule, *Neptune et Amphitrite,* modelée par Thomire.

Toutes ces décorations, exécutées de 1840 à 1841, avaient été payées à chacun des artistes 9,000 francs.

XV

SALON DU PLÉBISCITE

Le plafond de ce salon était décoré d'une vaste composition de Schopin, peinte en 1857, et représentant allégoriquement le plébiscite de 1851.

La France, appuyée sur la Force et la Vertu, recevait le résultat des suffrages. Derrière elle veillait la Justice. Devant étaient groupées des figures personnifiant les villes de Paris, de Lyon, Bordeaux, Marseille, Alger, Lille, Rouen, entourées des communes de France portant des drapeaux et des bannières.

Cette peinture, qui mesurait 8 mètres de largeur sur 4^m,50 de hauteur, avait été payée à Schopin 14,000 francs.

De nombreux bas-reliefs représentant les Sciences, les Arts

et l'Industrie, sculptés par Combette, Venot, Brion, Debay, Caudron, Desprez, Marneuf, Guersant, complétaient la décoration artistique de ce salon.

XVI

SALLE A MANGER

Jadin avait exécuté en 1851, dans la salle à manger, une œuvre du plus grand mérite. Il avait représenté, sur de vastes panneaux, la Chasse, la Vendange, la Pêche et la Moisson; ces panneaux étaient accompagnés de trophées de gibier, de poissons, de fleurs et d'armes de chasse. La ville avait payé cette décoration 14,000 francs. La décoration ornementale était de Bégard.

GALERIE DES FÊTES, R. L.

XVII

SALLE DU CONSEIL MUNICIPAL

La décoration de cette salle avait été confiée à Yvon qui la termina en 1865. On avait d'abord laissé le choix des sujets à l'artiste, qui eut l'excellente idée de représenter, dans une série de compositions historiques et allégoriques, la municipalité de Paris depuis sa création jusqu'à nos jours. Mais ses esquisses furent repoussées par la commission des beaux-arts, qui lui imposa les sujets qu'il exécuta définitivement et dont voici la description sommaire :

1° Clovis fait de Lutèce la capitale de son royaume. — Au premier plan sont des bateliers montés sur leurs embarcations. Sur les bords de la Seine défilent un cortège de guerriers et le peuple. Debout sur un bouclier porté par quatre de ses soldats, Clovis promène un regard fier et vainqueur sur le fleuve et sur la foule enthousiaste qui l'acclame. Un évêque, saint Rémy, revêtu de ses habits pontificaux et accompagné de prêtres portant des rameaux, précède le cortège. Le chef franc est revêtu de son costume de guerrier, sa framée à la ceinture, ses longs cheveux tressés ramenés sur la poitrine et encadrant pittoresquement son visage énergique. Au fond du tableau l'on aperçoit les fortifications de Lutèce.

2° Philippe-Auguste avant de partir pour la Terre-Sainte confie à son peuple la tutelle de son fils et la garde de son trésor. Le roi, en costume de croisé, est debout sur son trône : à ses côtés sont assis, à gauche, la reine tenant la main de justice, signe du pouvoir intérimaire, à droite, un évêque ; aux pieds du trône sont groupés les bourgeois de la ville de Paris auxquels le roi montre son jeune fils debout près de lui et s'accrochant aux plis de son manteau dans un mouvement gracieux de crainte enfantine. Un des bourgeois debout étend la main et jure fidélité et aide à son prince. Dans le fond, à droite, l'on aperçoit les chevaliers formant l'escorte de Philippe-Auguste.

3° François Ier pose la première pierre de l'Hôtel de Ville de Paris. Le roi, debout sur la dernière marche d'une estrade, tend la main pour saisir la truelle d'or que lui présente le prévôt des marchands, avec laquelle celui-ci vient de ramasser du mortier dans une auge. A droite sont groupés les gentilshommes de la cour et à gauche les échevins. Au fond, le peuple que contiennent des archers. La silhouette de Notre-Dame se détache sur le fond de la toile.

Ce tableau présentait une particularité intéressante : le personnage de François Ier avait été posé par Mélingue.

4° L'empereur Napoléon III remet à M. Haussmann, préfet de la Seine, le décret d'annexion de la banlieue de Paris.

Ce dernier panneau avait donné lieu à quelques incidents. La commission des beaux-arts avait, en désignant le sujet à l'artiste, spécifié que la scène devait se passer dans le cabinet de l'empereur et sans aucun apparat. Napoléon III, en tenue civile, remettait le document au préfet de la Seine accompagné de son secrétaire général. Achevée et présentée à la commission, la composition fut trouvée trop simple, et l'on demanda à Yvon d'en exécuter une deuxième où la cérémonie serait représentée avec plus d'éclat. La scène fut maintenue dans le cabinet de l'empereur; mais les personnages qui y figuraient étaient, outre l'empereur en uniforme de général de division et M. le baron Haussmann, MM. Dumas, de l'Académie des sciences, Chaix d'Est-Ange, Delangle, le maréchal Magnan, le général Fleury et M. Achille Fould.

Ces peintures avaient été payées à Yvon 35,000 francs.

La frise de la salle était décorée de bas-reliefs en stuc sculptés par Oudiné en 1860 et représentant la Peinture et la Sculpture; l'Agriculture et la Métallurgie; la Musique et l'Architecture; la Mécanique; la Philosophie et les Belles-Lettres; la Chimie et la Physique; la Science et l'Industrie; la Morale et la Politique; le Courage et la Légalité; la Poésie et l'Histoire. Sur la cheminée se trouvaient le buste de l'empereur et celui de l'impératrice, par Iselin.

Dans la première des salles de délibérations étaient les bustes de la reine Victoria, du prince de Galles, de Victor-Emmanuel, du roi de Prusse, du roi d'Italie, du sultan, du roi des Belges, du roi de Portugal, de tous les souverains, en un mot, qui avaient accepté l'hospitalité de la ville et qui, suivant la tradition, devaient offrir à la municipalité leur portrait comme souvenir de leur visite.

Le cabinet du secrétaire général était décoré de plusieurs portraits d'échevins, attribués à Largillière et donnés à la ville en 1856, par Mme Chauvin, fille et petite-fille de magistrats municipaux.

XVIII

GALERIE DU SECRÉTARIAT

Il y avait là huit tableaux, placés en 1855, et représentant les sujets suivants :

Saint-Denis et Saint-Ouen. Vue prise de l'île Saint-Ouen. — Lecointe.
Cascade du lac du bois de Boulogne. — Paul Flandrin.

Châtillon et Clamart. — Al. Desgoffe.
Saint-Cloud. — Al. Desgoffe.
Sceaux et Aulnay. — Al. Desgoffe.
Arcueil. — Bellel.
Le pont de Champigny sur la Marne. — Bellel.
Buttes Montmartre et panorama de Paris. — Hédouin.
Vincennes. — Château et donjon. — Hédouin.

Chacun de ces tableaux avait été payé 3,000 francs.

Dans l'ouvrage de Grégoire, *Relevé général des objets d'art commandés par la ville de Paris de 1816 à 1830,* nous trouvons la mention de diverses œuvres qui décoraient autrefois la salle du conseil général de la Seine et qui avaient disparu avant les événements de 1871, à la suite de circonstances que nous ignorons :

Buste en marbre de M. Bellart, président du conseil général de la Seine, par David d'Angers (1830), payé 3,500 francs. (Dans le catalogue de l'œuvre de David dressé par H. Jouin, nous lisons à ce propos la note qui suit : commandé sous la Restauration par le comte de Chabrol, préfet de la Seine; ce marbre, à peine ébauché lors de la révolution de 1830, fut terminé deux ans plus tard pour un parent du modèle.)

Tableau représentant Brissac, Lhuillier et Molé prenant la résolution de remettre Paris à Henri IV (hauteur 8 pieds, largeur 10 pieds); exécuté par Messier et Lebel; prix : 5,000 francs.

SALLE DES CARIATIDES
Peinture de Cabanel.

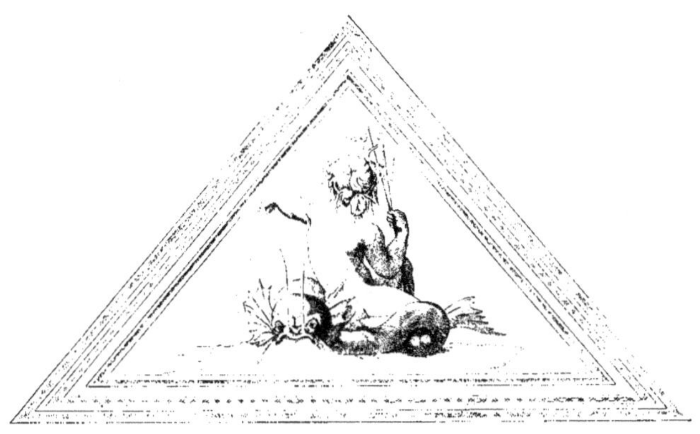

GALERIE DES FÊTES
Peinture de H. Lehmann.

XIX

LA DÉCORATION ARTISTIQUE
AVANT LA RÉVOLUTION

— —

PEINTURES

Les registres de l'Hôtel de Ville, qui ont pu être consultés avant l'incendie par Leroux de Lincy, et ceux qui existent encore dans les Archives nationales, contiennent la mention de très anciennes peintures qui décoraient non seulement la grande salle, mais encore plusieurs autres pièces du monument. Elles formaient un véritable musée municipal parisien, en raison des portraits des membres de l'édilité parisienne qui y étaient exposés. La plus ancienne mention remonte au 1er août 1551. En voici le texte :

Aujourduy, messieurs les prevost des marchans et eschevins de la ville de Paris, estans assemblés en leur petit bureau pour les affaires de ladicte ville, ont advisé et deliberé que la somme de quatre-vingt-douze livres, treize solz, six deniers tournois, consignés audict bureau, provenue de la vente de pastel ou guesde, pretendu par le procureur du roy et de ladicte ville avoir esté confisqué, et dont n'est encore intervenu jugement deffinitif; ladicte consignation cy devant enregistrée du xvii° juillet mil v° l., après ce que le receveur de ladicte ville, ne le greffier d'icelle ne se sont voulluz charger de ladicte somme, et aussi qu'il ne se trouve partie qui pretende droit audict pastel, guesde, ne qui en face poursuitte, qu'elle sera employée au payement de l'aornement, vernys et doreure du fons du plancher du petit bureau faict au bastiment neuf de ladicte ville ; et que la quictance dudict payement sera cy dessoubz escripte et enregistrée. Et s'il advenoit cy après que aucun feist poursuitte de ladicte somme, et qu'il faulsist icelle rendre, qu'elle sera rendue des deniers de ladicte ville. Et cedict jour, selon le pourtraict à nous baillé par la vefve feu maistre Charles Dorigny, paintre, avons faict marché avec elle et ses gens à ladicte somme de iiii^xx xii livres, xiii sols, vi deniers, pour la façon dudict aornement, verniz et dorure dudict petit bureau.

Aujourd'huy, en la présence des notaires du Roy nostre seigneur, ou Chastellet de Paris, soubz signez, Jaqueline Bordier, vefve de maistre Charles Dorigny[1], en son vivant painctre, demourant à Paris, a confessé avoir eu et receu de messieurs les prevost des marchans et eschevins de la ville de Paris, la somme de quatre-vingt-douze livres, treize solz, six deniers tournois, à quoy lesdictz prevost des marchans et eschevins ont, suyvant la deliberation escripte de l'autre part, verballement convenu et marchandé avec ladicte vefve, pour la paincture et façon de l'aornement du fons du plancher du petit bureau de l'Hostel neuf de ladicte ville, verniz et dorure d'icelluy, qui a esté faict par ladicte vefve, suivant le portraict par elle faict et baillé qui est demouré au bureau de ladicte ville. Dont et quictant, etc., pour la quelle somme de iiii^xx xii livres, xiii sols, vi deniers, iceulx prevost des marchans et eschevins ont dict et declairé, presens lesdictz notaires, estre la somme qui avoit esté cy devant consignée en leurs mains pour les causes et ainsi qu'il est contenu en ladicte deliberation escripte de l'autre part. Promectant, obligeant, renonçant, etc. Faict l'an mil cinq cens cinquante-ung, le lundi vingt-huictiesme jour de septembre.

Les registres de 1556 à 1599 font défaut. En 1602, Jérôme Francœur, « paintre de Paris », reçoit cent vingt écus pour avoir exécuté un tableau représentant le prévôt des marchands et les échevins, ainsi que les autres officiers municipaux en charge à

---

1. Dans les *Comptes des bâtiments du Roy*, le nom de Charles Dorigny figure pour des ouvrages de peinture exécutés à Fontainebleau : « Ce Charles Dorigny, peintre, à raison de vingt livres par mois. »

cette époque. En 1603, Jehan Danger (d'Angers?), maître peintre
de la ville de Paris, reçoit trente-cinq écus quarante sols pour
« avoir travaillé de son estat pour ladite ville de Paris ». Nous
trouvons plus loin le nom du même artiste, avec mention d'un
ordre de 1,500 livres « pour son payement des peintures et armoiries qu'il a faites pour la ville ».

En 1609, Ferdinand Hellé, maître peintre, demeurant au fau-
bourg Saint-Germain, s'engageait à fournir, moyennant quatre
cents livres tournois, « un grand tableau avec le cadre, où le prévôt
des marchands, les échevins, les procureurs du roi, et les greffiers,
seraient représentés tous ensemble ». En 1611, Georges Lallemand
recevait la même somme pour une œuvre pareille; cinquante livres
en plus y étaient ajoutées « pour huit petits tableaux et portraits
séparés faits par ledit Lallemant desdits sieurs officiers ». En 1624,
le même travail était payé cinq cents livres à Louis Bobrun [1].

Vers 1620, François Porbus, fils d'un peintre flamand, dit
Félibien dans *Ses entretiens sur la vie des peintres,* acquit
une assez grande réputation en exécutant le portrait de plusieurs prévôts et échevins. Les œuvres de cet artiste que possède le Louvre, les portraits de Henri IV, de Marie de Médicis et
de Guillaume de Vair, justifient l'appréciation du vieil historien.
Dans ses *Antiquités de Paris,* Sauval, faisant mention de ces
portraits, écrivait que ceux des autres (très vraisemblablement
ceux de Jehan Dangers, de Francœur, etc.) ne paraissaient
que « peintures de village ou du pont Notre-Dame ». Le même
écrivain signale encore un autre tableau de Porbus où il avait
représenté Louis XIII recevant les serments du prévôt et des échevins en présence de Marie de Médicis sa mère, du chancelier et
de quelques grands du royaume, et il ajoute la pittoresque critique
que voici : « Tout y est animé, vivant; les têtes en sont peintes

---

1. Reg. des rec. et dép., *Archives royales,* cités par Leroux de Lincy

avec une facilité incroyable, ou plutôt inimitable; il y en a où l'imprimerie de la toile s'est déteinte. Les poils y sont si bien touchés et si bien distingués qu'on les pourroit compter. » De son côté, Dargenville, dans *le Voyage pittoresque de Paris,* dit : « Les têtes en sont aussi belles que de Van Dyck. » A la fin du XVIIe et au XVIIIe siècle, la décoration picturale de l'Hôtel de Ville devient très importante; les descriptions du temps mentionnent

GALERIE DES FÊTES
Peinture de H. Lehmann.

une série d'œuvres de Largillière, Mignard, Jean de Boullongne, de Troy, Michel et Carle Vanloo, Roslin, Hallé, Vien, etc.

Dargenville décrit ainsi la décoration des principales salles de l'Hôtel de Ville : « La grande salle est ornée de plusieurs tableaux faits par d'habiles mains, suivant les différentes époques remarquables dont ils sont les monuments. Le premier des quatre qui occupent une des faces principales est le mariage de M. le duc de Bourgogne avec Marie-Adélaïde de Savoie, peint par *Largillière.*

« Le second est un tableau allégorique représentant la publication de la paix en 1749; il a été peint par *M. du Mont.*

« On voit dans le troisième le roi, après sa maladie et son retour de Metz, reçu à l'Hôtel de Ville par le gouverneur, le prévôt des marchands et par les échevins. C'est l'ouvrage de *M. Roslin.*

« Le quatrième est le festin que la ville donna à Louis XIV et à sa cour, en 1687, à son retour de Notre-Dame, où ce prince avait

Peinture de H. Lehmann.

été remercier Dieu du rétablissement de sa santé, après une dangereuse maladie. Il est de *Largillière.* Sur une des cheminées paraît Louis XIV qui accorde à la ville des lettres de noblesse, par *Louis de Boullongne.*

« Au-dessus des deux portes qui sont à droite en entrant, on a placé deux excellents tableaux de *Porbus le fils,* qui représentent le prévôt et les échevins de cette ville à genoux aux pieds du trône de Louis XIII avant et depuis sa majorité. Marie de Médicis paraît dans un de ces tableaux auprès du roi son fils.

« L'antichambre de la salle des gouverneurs offre un tableau peint par de *Troy le père,* à l'occasion de la naissance de M. le duc de Bourgogne, père du roi. Ce prince est entre les mains du génie de la France qui est à ses pieds; Apollon, Minerve et la Renommée sont dans le haut du tableau.

« La salle des Gouverneurs est ornée de tous les portraits en pied des gouverneurs dans leurs différents habillements de cérémonie ou des ordres qu'ils portaient; elle est terminée par un grand morceau de M. *Carle Vanloo,* dont le sujet est la publication de la Paix, en 1739. Le roi, assis sur son trône, est accompagné de Minerve qui lui présente un rameau d'olivier et de la Justice qui pèse dans sa balance les sentiments qui déterminent pour la paix le cœur du roi. La Paix et l'Abondance sont à la gauche du trône d'où sort la Renommée. Le reste du tableau est occupé par les prévôts des marchands et les échevins de la ville qui viennent rendre de très humbles actions de grâces à Sa Majesté. Une magnifique architecture et la ville de Paris en perspective forment le fond du tableau qui a treize pieds de haut. »

Les registres de la ville, aux Archives nationales, contiennent quelques renseignements complémentaires sur ces tableaux.

Le tableau de la paix d'Utrecht, de six pieds six pouces de dimension, fut payé six mille livres à François de Troy; celui de la remise des lettres de noblesse à la ville, par Louis de Boullongne, exécuté sur neuf pieds trois pouces de hauteur et huit pieds trois pouces de largeur, cinq mille livres.

A la date du 14 septembre 1702 est un document ainsi conçu : « Le sieur de Largillière, peintre ordinaire du Roy, promest et s'oblige par ces présentes envers nous... (les échevins) de faire un tableau de dix à onze pieds de hauteur en dedans de la bordure, sur quinze à seize pieds de largeur ou plutost de la même hauteur et largeur que celui de la prévosté de M. Bose, représentant nous dit prevost des marchands, les sieurs de Santeul, Guillebon,

Boutet, S. Desnotz, Lehueins et les sieurs procureur du Roy, gresfier et receveur, accompagnez de la *Justice* et de l'*Abondance,* une tapisserie dans le fond, représentant l'avènement du duc d'Anjou à la couronne d'Espagne, avec toutes les allégories convenant au sujet, suivant le dessin que ledit sieur de Largillière nous en a présenté..., et de nous livrer ledit tableau au jour et feste de sainct Jean-Baptiste au plus tard pour estre mis en place dans la grande salle de l'Hostel de Ville, au lieu qui sera trouvé le plus convenable et moyennant la somme de cinq mil trois cens livres. »

Dans *le Voyage pittoresque de la France,* nous trouvons la description détaillée des cinq autres tableaux historiques peints par Largillière, Roslin, Hallé et Vien.

TABLEAU

A L'OCCASION DU MARIAGE DE MONSEIGNEUR LE DUC DE BOURGOGNE

AVEC LA PRINCESSE ADÉLAÏDE DE SAVOYE, EN 1697

Ce tableau est du fameux Largillière, l'un des meilleurs peintres de portraits du règne de Louis XIV. Il a mérité le juste titre de Van Dyck français.

La ville a fait faire ce tableau en 1697, à l'époque du mariage de M⁣ᵍʳ le duc de Bourgogne avec la princesse Adélaïde de Savoye; l'on y voit les portraits de MM. Bocs, prévôt des marchands; Letourneur, Barrois, Nesme, Sautereau, Le Loire, échevins; Titon, procureur du roi; Mitantier, greffier, et Boucot, receveur, à qui la France présente le portrait de la future princesse. La France est représentée sous la figure d'une femme vêtue du manteau royal, parsemé de fleurs de lis; elle est aidée de Mercure qui soutient le médaillon de l'autre côté. Mercure est ici représenté comme présidant aux alliances des dieux, et est suivi de deux autres figures allégoriques, dont l'une, sur le devant, représente la Victoire, l'autre, la Paix. Près de ce groupe, on aperçoit deux génies qui tiennent une corne d'abondance, d'où s'épandent différentes productions de la terre, tant utiles qu'agréables à l'humanité. Dans le fond sont deux Renommées qui publient les vertus de cette princesse, suivies de plusieurs génies qui chassent les Vices. Le soleil pur et serein se fait voir dans toute sa splendeur; le fond est décoré d'un fronton d'ordre dorique, soutenu de quatre colonnes accouplées, dont deux seulement se voient. Il est à remarquer que, dans ce tableau, et dans les quatre suivants, toutes les têtes de costume moderne sont portraits, et que, malgré les entraves que ce même costume exige, l'artiste en a tiré un superbe parti. Ce tableau porte seize pieds de large, sur dix de hauteur.

TABLEAU

A L'OCCASION DE LA CONVALESCENCE DE LOUIS XIV, EN 1687

Ce tableau est du même Largillière; il a été fait à l'époque de la convalescence de Louis XIV. Il représente le festin que la ville donna à ce prince, en 1687, à son retour de Notre-Dame.

L'artiste a fait très ingénieusement voir le banquet royal dans une glace, prévoyant que s'il l'eût mis sur le premier plan, la proportion de ses figures ne lui aurait point permis de donner toute l'immensité que la scène exigeait. On y voit le roi à la tête du banquet, accompagné des princes et princesses de la cour. Derrière lui, on reconnaît différentes parties de la grande salle de l'Hôtel de Ville, telle qu'elle est encore aujourd'hui; sur le devant, à gauche, la première personne assise qui a le bras droit appuyé sur un bureau est M. Fourcy, prévôt des marchands; 2° à côté de lui, est M. Merlan, échevin; 3° au milieu, à droite et assis, est M. Le Noir, échevin; 4° et 5° à côté de lui, MM. Bellier et Marescal, échevins; 6° à gauche, dans le milieu et debout, M. Titon, procureur du roi; 7° et à côté, M. Mitantier, greffier. Ces messieurs sont occupés à examiner le plan de la statue pédestre de Louis XIV, qui est actuellement dans la cour de l'Hôtel de Ville, et dont on voit le modèle sur le bureau, dans le coin, à gauche du tableau; 8° M. Boucat, receveur, le soutient de la main gauche. Ce tableau porte quinze pieds, sur dix de haut. Il a été donné par la ville à M. de Caumartin, prévôt des marchands.

TABLEAU

A L'OCCASION DE LA CONVALESCENCE DE LOUIS XV, A SON RETOUR
DE METZ

Ce tableau est de M. Roslin, peintre de portraits, conseiller de l'Académie de peinture et sculpture de Suède, chevalier de l'ordre de Vasa. Il a été fait en mémoire de la convalescence de Louis XV, à son retour de Metz. L'artiste a saisi l'instant où le roi arrive à l'Hôtel de Ville, accompagné de Mgr le duc d'Orléans, de Mgr le Dauphin, père de S. M. Louis XVI, de Mgr le prince de Condé, et de M. de Beringhen, son premier écuyer. On voit devant le roi : 1° Mgr le duc de Gèvres, gouverneur de Paris, qui est debout; à sa droite et à genoux, sont : 2° M. de Bernage, prévôt des marchands; 3°, 4°, 5°, 6° MM. Baizé, Pierre Sauvage et Huet, échevins, debout à sa droite; 7° M. Moriau, procureur du roi; 8° derrière lui et debout, la première personne adossée à la colonne est M. Taitbout, greffier; 9° celle qui est au bord du tableau est M. Boucot, receveur; 10° et derrière, dans le lointain, M. de Laleu, colonel. Dans le haut du tableau est une figure allégorique portée sur des nuages; elle représente la Ville qui reçoit le prince bien-aimé avec attendrissement; à la gauche, on aperçoit une voiture de la cour, un écuyer cavalcadour et un page du roi. Ce tableau porte quatorze pieds de large sur dix de haut.

TABLEAU

A L'OCCASION DE L'AVANT-DERNIÈRE PAIX, EN 1762

Ce tableau est de feu M. Hallé, recteur et trésorier de l'Académie royale de peinture et sculpture, et chevalier de l'ordre du roi.

Il a été ordonné à l'occasion de l'avant-dernière paix, en 1762. L'on y voit la déesse Minerve qui annonce à la Ville de Paris la Paix qu'elle lui amène, en la couvrant de son égide; elle est portée sur des nuages et tient d'une main plusieurs branches de laurier, et de l'autre une corne d'abondance, d'où sortent différentes fleurs qui se répandent sur les génies des sciences et des arts. Le corps de ville les reçoit avec joie. On peut reconnaître facilement les principales personnes dont il était composé : 1° au milieu, et en face de la déesse, M. de Pontcarré de Viarmes, prévôt des marchands; 2° la première personne qui est derrière lui est M. Mercier, échevin; 3° à la gauche de M. de Pontcarré, est M. Babille, échevin; 4° derrière M. Babille, la seconde avant-dernière personne est M. de Varenne, échevin; 5° l'avant-dernière est M. Jollivet de Vannes, procureur du roi; 6° la personne adossée à la troisième colonne du milieu est M. Taitbout, greffier; 7° la dernière personne dans le coin, à gauche du tableau, est M. Hay, colonel.

Cette scène se passe dans une salle décorée de plusieurs colonnes et pilastres de l'ordre dorique, lesquelles soutiennent une corniche du même ordre.

Ce tableau est placé dans l'escalier de la bibliothèque de la ville, il porte quatorze pieds de large, sur dix de haut.

TABLEAU

L'INAUGURATION DE LA PLACE LOUIS XV EN 1762

Ce tableau est de M. Vien, peintre du roi, chevalier de son ordre, recteur de son Académie de peinture et ancien directeur de l'Académie de France à Rome.

Il représente l'inauguration de la place Louis XV en 1762. On voit dans le milieu M. le duc de Chevreuse, gouverneur de Paris, monté sur un cheval blanc; il est accompagné à sa gauche de M. de Pontcarré de Viarmes, prévôt des marchands; derrière M. de Chevreuse sont MM. Mercier, Babille et de Varenne, échevins, et M. Jollivet de Vannes, procureur du roi. Devant M. de Chevreuse, à droite du tableau, est M. Taitbout, greffier en chef. On voit dans le fond la statue équestre du roi, nouvellement posée. Le paysage et les bâtiments de la place caractérisent le lieu et le motif de la scène : sur le devant, à gauche, on voit une vieille femme et deux Savoyards qui se battent pour avoir l'argent qui vient de leur être jeté. Le tableau est de même grandeur que le précédent.

Hébert, dans sa *Description des monuments de Paris,* mentionne deux tableaux par les Vanloo ; le premier, œuvre de Louis-Michel Vanloo, représentait la naissance de Louis XIV ; le second, par Carle Vanloo, exécuté en commémoration de la paix de 1739 entre la France et l'Empire, se trouvait à droite en entrant dans la grande salle.

Leroux de Lincy signale également deux autres tableaux sans en faire connaître les auteurs : Henri IV à cheval, faisant son entrée dans Paris ; et l'entrée de Louis XVI dans la même ville, en 1774, à l'occasion du rétablissement du parlement.

A l'exception du tableau de Dumont qui se trouve actuellement dans le cabinet du préfet de la Seine et qui est parvenu jusqu'à nous, on ne sait par suite de quelles heureuses circonstances, et de quelques fragments du tableau de Largillière, relatif au mariage du duc de Bourgogne, qui ont été vendus au musée de l'Ermitage par Denon, toutes ces peintures ont disparu pendant la première révolution. Ont-elles été détruites, ou sont-elles enfouies dans quelques coins inconnus ? On l'ignore complètement. Toute trace en est perdue depuis longtemps.

SCULPTURES

Nous ne parlerons point dans ce chapitre des deux cheminées monumentales de la grande salle, exécutées par Biard, David de Villiers et par Thomas Boudin ; elles existaient encore au moment de l'incendie, dans leur forme primitive peu sensiblement modifiée. La principale œuvre de sculpture qui décorait le palais municipal avant la Révolution était la statue équestre de Henri IV, placée au-dessus de la principale porte d'entrée. Pierre Biard en était l'auteur. Sauval a donné de cette œuvre une description très détaillée :

La statue équestre de Henri IV sculptée au-dessus du portail est de pierre de Trouin aussi bien que la meilleure partie de l'édifice. Biart le père l'a taillée dans la masse. L'ouvrage est si beau que non seulement il passe pour son chef-d'œuvre, mais même pour la meilleure figure équestre de Paris, et une des plus excellentes de l'Europe. Le cheval est si vivant et si actif, on remarque dans son action tant de vie et de force, qu'il semble marcher; ses jambes sont si belles et si bien proportionnées, la croupe est si ronde et si grasse, si bien nourrie; son cavalier est si naturellement assis dessus, que c'est un parfait original du visage et de l'attitude de ce grand prince. Quant à la tête, outre que jamais cheval ne l'eut si fière, la beauté en est incomparable et presque inimitable. Son œil gauche est si vif, ses narines si naturelles qu'elles semblent jeter feu et flammes. Il mord avec tant de feu son mors, on voit par la juste et naturelle disposition des nerfs, muscles et artères et des veines qui paraissent le long de la tête que c'est un cheval vigoureux et fougueux tout ensemble, qui veut prendre l'essor et faire tous ses efforts pour s'échapper des mains de son maître. Enfin c'est une figure où Biart n'a rien oublié; tout ce qu'il y a, c'est que le roi est en danger d'avoir la tête cassée et d'être renversé, pour si peu que le cheval se remue et se cabre, à cause de l'espace étroit où cette figure est, qui remplit l'arcade tout entière. Ce cheval, au reste, est fait d'après celui de Marc-Aurèle, quoique Biart ait tâché de le déguiser de la meilleure grâce qu'il lui a été possible. Il lui a même donné un peu plus d'esprit, afin qu'on crût qu'il ne l'avait point modelé. Le fils a depuis si misérablement et si notablement gâté l'ouvrage de son père, que la jambe du côté du montoir qu'il a retouchée est tout estropiée et ressemble à la jambe d'un chien, au lieu que l'autre qu'il n'a point touchée est tout d'esprit.

Cette statue équestre de Henri IV fut enlevée à la Révolution. En 1836, Lemot, de l'Institut, en exécuta une reproduction en bronze sur fond de marbre, laquelle reproduction a été préservée de la destruction dans l'incendie du monument.

En février 1734, un buste de Louis XV, par Coustou jeune, fut posé dans la chambre qui servait de bureau aux magistrats municipaux[1].

En 1786, l'on plaça un buste de La Fayette à l'Hôtel de Ville dans les circonstances suivantes, que rapporte Thierry *(Guide des amateurs et des étrangers voyageurs à Paris)* :

1. Leroux de Lincy. — Coustou indiqua lui-même la place que devait occuper le buste qu'il avait fait. Son choix dut être blâmé par quelques personnages importants, car il se crut obligé de faire la note justificative suivante : « *Raison pour quoy M. Coustou n'a pas élevé plus haut le buste du Roy* : 1° c'est qu'il n'auroit pas reçu le jour comme il le reçoit; 2° s'il avoit été élevé plus haut, de la grandeur dont il est, parce que les traits se seroient perdus à la veue; 3° il a été obligé de s'assujettir à la hauteur de la corniche du lambris, et si le buste avait été plus haut ou plus (*sic*), cela auroit coupé ou le buste ou la console. »

(Archives générales du département de la Seine.)

Les États de Virginie, en reconnoissance des services du major général, le marquis de La Fayette, ayant résolu de placer son buste dans leur capitale, et étant dans l'intention d'ériger un monument à ses vertus, et aux sentiments qui lui sont voués, dans le pays auquel ils sont redevables de sa naissance, chargèrent M. Jefferson, ministre plénipotentiaire des États-Unis à Paris, de solliciter MM. les prévôt des marchands et échevins de la ville de Paris, pour les engager à accepter le buste de ce brave officier, comme un second témoignage de leur reconnoissance, et de les prier de le placer dans un lieu qui puisse rappeler toujours cet hommage honorable et attester le dévouement des alliés de la France.

Le corps municipal à qui M. le baron de Breteuil fit savoir que le roi, à qui il en avoit rendu compte, approuvoit que ce buste fût accepté, s'étant assemblé le 28 septembre 1786, M. *Short*, ancien membre du conseil des États de Virginie (M. Jefferson étant retenu chez lui par une indisposition), est arrivé à l'Hôtel de Ville, pour y présenter le buste exécuté par le sieur *Houdon*, sculpteur du roi, et pour remettre à MM. les prévôt des marchands et échevins une lettre de *M. Jefferson*, ainsi que les délibérations des États de Virginie. M. Le Pelletier de Morfontaine, conseiller d'État, prévôt des marchands, ouvrit la séance par en annoncer le motif et l'objet, et remit à M. Veytard, greffier en chef, toutes les pièces dont il s'agit, pour en faire lecture. Après quoi M. Éthis de Corny, avocat et procureur du roi, et chevalier de l'ordre de Cincinnatus, prononça un discours dans lequel il rappela, d'une manière très intéressante, les services de M. de La Fayette dans l'Amérique septentrionale, la confiance de l'armée et l'attachement des peuples pour ce général.

Ce discours, fini et très applaudi, M. Éthis de Corny donna les réquisitoires et conclusions nécessaires pour la réception de ce buste, conformément aux intentions du roi, et, en conséquence de ces conclusions, le buste a été placé, au bruit d'une musique militaire, sur la cheminée qui est à droite de la grande salle de l'Hôtel de Ville.

Cette cérémonie aussi nouvelle qu'intéressante a produit les plus vives impressions de plaisir et d'attendrissement sur les spectateurs. Un homme de lettres qui en était témoin a appliqué heureusement à M. de La Fayette ce que Tacite dit de Germanicus : *Fructus fama sui*.

XX

LE MUSÉE MUNICIPAL

L'organisation du musée municipal ne remontait qu'à quelques années. Néanmoins il contenait déjà une quantité d'œuvres d'un très grand intérêt pour l'étude de l'histoire de Paris. Tout a été détruit. M. de Champeaux a pu, heureusement, dresser l'inventaire suivant des principaux tableaux, dessins et gravures qui s'y trouvaient.

TABLEAUX

VUES DE PARIS.

École française (commencement du XVIIe siècle). — Vue du Louvre (M. Clément).

École française (idem). — Vue du Louvre et des quais (vente Horsin-Déon).

École hollandaise (XVIIe siècle). — Répétition du tableau précédent (vente Bernal, où il était attribué à Mommers. M. Gaucher).

Van der Meulen. — Vue de Paris, prise des Gobelins (acquis en vente publique).

École de Van der Meulen. — Vue du Louvre, prise du Pont-Neuf (don de M. Sédille).

École de Van der Meulen. — Répétition avec changements du tableau précédent (vente Brentano, à Francfort-sur-le-Mein).

Martin. — Vue de Vincennes (vente Horsin-Déon).

École française (xviiiᵉ siècle). — Vue de la porte Saint-Bernard (M. Clément).

Parrocel. — Entrée de l'ambassadeur turc aux Tuileries, esquisse (M. Francis Petit).

Raguenet. — Vue des Tuileries (coll. Boittelle.)

Raguenet. — Vue des Tuileries (coll. Tondu. M. Clément).

Raguenet. — Vue de l'île Saint-Louis (coll. Tondu. M. Clément).

Raguenet. — Vue de la Cité (coll. Tondu. M. Clément).

Raguenet. — Vue du Pont-Neuf et de la Cité. — Vente Vardour de Valden à Bruxelles (M. E. Leroy).

Raguenet. — Vue de l'île Saint-Louis, id. (M. E. Leroy).

Raguenet. — Vue de la Cité, id. (M. E. Leroy).

Demachy. — Grande vue de la place de la Concorde (coll. du Blaizié).

Demachy. — Grande vue de la galerie du Louvre (coll. du Blaizié).

Demachy. — Arrivée de Marie-Antoinette aux Tuileries (vente Laluyé).

Demachy. — Enlèvement d'un ballon, place de la Concorde (M. Gasquet).

Demachy. — Les fossés du Pont-Tournant (coll. Jacquinot-Godard). M. Blaisot.

Demachy. — Vue de la colonnade du Louvre (vente Opigez).

Demachy. — Vue de la colonnade du Louvre (vente publique).

Demachy. — Deux vues du jardin et du château des Tuileries (vente publique).

H. de la Peignia — Petite vue du Louvre et des Tuileries (M. Clément).

H. de la Peignia. — Vue de l'île Saint-Louis (vente dirigée par M. Haro.)

H. de la Peignia. — Vue de la Cité (vente publique dirigée par M. Haro).

Genillion. — Vue de la galerie du Louvre (M... à Montrouge).

Genillion. — Vue des Tuileries et de la galerie du Louvre (vente publique dirigée par E. Dhios).

Genillion. — Vue des quais (vente publique dirigée par M. Dhios).

Baltard père. — Vue du palais du Tribunat.

Boilly. — Vue du quai des Tuileries. Départ des coucous pour Saint-Cloud (esquisse. M. Clément).

Boilly. — Scène de carnaval au boulevard du Temple (esquisse. Vente Grésy).

Bouhot. — Vue de la fontaine des Innocents (vente Boittelle).

Bouhot. — Vue de l'ancien hôtel Bullion (don de M. C. Pillet).

Cochereau. — Intérieur du musée des Petits-Augustins.

Bouton. — Intérieur du musée des Petits-Augustins (vente Horsin-Déon).

MINERVE ANNONCE LA PAIX A LA VILLE DE PARIS.

École française (fin du xviii° siècle). — Vue d'un hôtel de la rue des Postes (M. Bassereau).

École française (fin du xviii° siècle). — Vue du jardin de Monceaux (vente publique).

Moreau le jeune. — Vue du jardin des Tuileries et des Feuillants (M. Bassereau).

École française (fin du xviii° siècle). — Incendie de l'Hôtel-Dieu.

Hubert-Robert. — Esquisse. Repas patriotique à Saint-Lazare.

Jadelar (?). — Vue de l'ancienne place du Carrousel (M⁰ Toulmonde, à Amiens).

Cannella. — Vue des Tuileries (coll. Vardour de Valden). M. E. Leroy.

Mieroduchowski. — Vue du Palais de Justice (acquis de l'auteur).

SCÈNES HISTORIQUES PARISIENNES.

École de Breughel. — Procession de la Ligue (M. Forgeais).

École des Clouet. — Cérémonie de l'institution de l'ordre du Saint-Esprit, par Henri III (M. Clément).

Vanloo (Michel). — Six esquisses des cérémonies du Saint-Esprit (M. Maussion de Candé).

École française (xvii° siècle). — Attaque de Paris par Henri IV (vente Grésy).

École française (xviii° siècle). — Tableau relatif à la satire Ménippée.

Chardin. — Esquisse pour la boutique d'un chirurgien (vente Laperlier).

Lallemand. — Prise de la Bastille (vente Estoublon).

Chery. — Le départ du jeune volontaire. Prise de la Bastille (coll. Boittelle).

Jollivet. — Inauguration de la cour de cassation (vente publique).

Jollivet. — Arrivée de la reine d'Angleterre à Paris (vente publique).

Duplessis. — Necker (vente Boittelle).

Inconnu. — Philippe-Égalité, duc d'Orléans (donné par M. Sipierre). — Verniquet, architecte et ingénieur topographe (donné par M. Sédille). — Gobel, évêque constitutionnel de la Seine. — M. de Livry, évêque de Callinique, donateur de la bibliothèque de la ville de Paris (M. Basset).

DESSINS

Parrocel. — Grande composition représentant la proclamation de la paix. Esquisse du dessin du Louvre (vente publique).

Moreau. — Grande vue de Paris (M. Basset).

Germain Pilon. — L'horloge du Palais de Justice (M. de la Béraudière).

Demachy. — Vue de la place de la Concorde. Esquisse d'un tableau appartenant à la ville.

Demachy. — Deux vues de la colonnade du Louvre.

De Lespinasse. — Vues des quais de Paris (acquises de M. de la Béraudière et dans des ventes publiques).

Ledoux. — Nombreuses vues des barrières de Paris.

Inconnu. — Vue du Palais de Justice sous Louis XVI.

Blarenberghe (Van). — Gouache représentant le poste de la rue Saint-Honoré (vente publique).

Fontaine. — La distribution des aigles au Champ de Mars, 1815 (coll. Lebas).

Maréchal. — Suite de vues de monuments parisiens acquises à la vente Lebas et dans d'autres ventes publiques.

Nicolle. — Suite de vues d'édifices de la capitale (acquises de M. Basset).

Verniquet. — Dessins pour le Jardin des plantes (vente publique). — Plusieurs dessins pour le plan de Paris (dont quelques-uns offerts par M. Sédille).

Boilly. — Grands dessins représentant des scènes populaires (acquis de MM. Boilly fils et Blaisot).

Inconnu. — Le château de Vincennes et le Luxembourg sous le Directoire.

Cannella. — Le jardin du Palais-Royal.

Inconnu. — Quatre grandes gouaches représentant un feu d'artifice et des illuminations sous le Directoire. — Arrivée des cendres de Napoléon Ier à Paris. xvie siècle : suite de costumes pour un ballet dansé sous Henri III (collection Bignon et Gailhabaud). — xviie siècle : suite de costumes pour un carrousel sous Louis XIV (collection Gailhabaud). — xvie siècle : dessin d'un ingénieur allemand, machines de guerre et fortifications (collection Gailhabaud).

PORTRAITS

Janet Clouet (attribué à). — Grand portrait d'Éléonore d'Autriche (vente Robinson, de Londres).

Nanteuil (copie d'après). — Mme de Sévigné (M. Verdot).

Mignard (copie d'après). — Mme de Grignan (vente publique).

Porbus (école de). — Portraits de deux magistrats parisiens.

Lebrun (école de). — Portrait de Molière acheté par l'intermédiaire de W. Bürger.

Vanloo (Carle). — M. de Choiseul (M. Francis Petit).

Tocqué. — M. de Marigny (vente dirigée par M. Féral). M. Lenormant de Tournehem (vente dirigée par M. Horsin-Déon).

Ant. Coypel. — Le peintre et sa famille (vente dirigée par M. Féral).

Vanloo (Michel). — Duchange, graveur parisien (coll. Boittelle).

Porbus jeune et Zeghers. — Marie de Médicis (vente d'Azeglio).

Mignard. — Mme de Montausier, médaillon entouré de fleurs (M. Warneck).

Duplessis. — L'abbé Arnauld (vente Ruhier).

Drouais. — Le comte d'Artois (vente Opigez).

David. — Le baron Alquier, un des fondateurs du Conservatoire des arts et métiers (M. Gaucher).

Vincent. — Janvier, horloger et astronome parisien (coll. Boittelle).

Aved. — Portrait de Mme de Sène, actrice (coll. Boittelle).

Poerson. — Servandoni, architecte (M. Récappé).

Chardin (attribué à). — Moreau, graveur (M. F. Petit).

Guyard-Labille (Mme). — Janvier, astronome (M. Basset).

Vanloo (Michel). — Le marquis de Saint-Florentin (vente Ruhier).

Rigaud. — Portrait de Samuel Bernard, en pied (vente Hédouin).

Philippe de Champaigne. — Lemaistre de Sacy (vente Ruhier).

Frère André. — Le frère Romain, architecte du Pont-Royal.

De Troy. — Portrait en pied du grand Dauphin (vente Ruhier).

Largillière. — Jean-Baptiste Rousseau (vente Horsin-Déon).

Coypel. — L'abbé Sollin (vente Ruhier).

Latour. — Cupis, père de la Camargo (coll. Boittelle). — M. de Marigny jeune (M. F. Petit).

Inconnus. — Le général Augereau (vente publique). — Vadier, président du Tribunal révolutionnaire (col. Boittelle). — Germain, orfèvre parisien (M. Basset). — L'abbé Lenglet du Fresnoy (vente Ruhier).

Ecole française (xive siècle). — Bal sous Charles VI (collection Gailhabaud).

Michel. — Grande vue du port de Bercy (l'auteur).

Prud'hon. — Projet de colonne commémorative.

Swebach. — Projet pour la décoration du Pont-Neuf (M. Forgeais).

La collection de gravures était fort importante. Le premier fonds provenait de l'acquisition faite par la ville de Paris de la collection Gailhabaud (achetée 125,000 francs), où se trouvaient environ vingt mille gravures, entrées de rois, représentations de ballets, trésors d'église, etc. Elle comprenait une série de portraits extrêmement curieux de personnages nés à Paris, ou ayant joué un rôle quelconque dans son histoire, série achetée à la vente Soliman-Lieutaut. De nombreuses acquisitions faites aux ventes

Gilbert, Wellesley, P. D... avaient permis de compléter cette partie de la collection.

Le musée possédait, en outre, une collection curieuse d'objets divers trouvés dans les fouilles faites à Paris : vases gallo-romains en verre irisé, bouteilles en verre, instruments en silex; un cabinet de numismatique comprenant une série de médailles romaines découvertes pendant les travaux de dérivation de la Vanne (forêt de Fontainebleau); une collection de plombs historiés trouvés dans la Seine et recueillis par M. Forgeais; une collection de médailles et de jetons parisiens donnée par M. Legras; une suite considérable de médailles parisiennes formée par l'administration; une bourse de jetons en argent de divers prévôts des marchands, acquise par l'intermédiaire d'un notaire; de nombreux objets de l'âge de pierre et de la période antédiluvienne, rassemblés par M. Belgrand. Fort heureusement avant 1870, il avait été publié sur le cabinet de numismatique, et notamment sur les plombs historiés de M. Forgeais, plusieurs études. A défaut des originaux qui ont été fondus dans l'incendie, il nous reste donc de la plupart de ces pièces rares et fort précieuses des reproductions assez habilement exécutées.

Dans les magasins de l'Hôtel de Ville se trouvaient trois tableaux de Paul Delaroche, Léon Cogniet et Schnetz, commandés pour la salle du Trône, en 1830, et qui furent remplacés plus tard par les compositions de Séchan. Ces tableaux représentaient *la Proclamation de Bailly comme maire de Paris* (Cogniet), *le 28 juin 1830 sur la place de Grève* (Schnetz), *le Retour de la Bastille* (P. Delaroche). Ils ont été détruits.

Peinture de H. Lehmann.

XXI

LA BIBLIOTHÈQUE

La bibliothèque de l'Hôtel de Ville, installée dans les combles du palais municipal, dans la partie des constructions nouvelles élevées sur l'emplacement de la vieille église de Saint-Jean en Grève et de l'hôpital du Saint-Esprit, a été complètement incendiée ; pas un seul volume n'a pu être sauvé. L'ossature en fer des plafonds sur lesquels la bibliothèque était placée a formé pendant l'incendie comme un immense gril ; tout ce qu'elle supportait a brûlé jusqu'à la dernière parcelle.

La création de la bibliothèque remontait à 1760. Nous en trouvons, pour ainsi dire, l'acte de naissance dans une délibération prise par le prévôt des marchands et par les échevins de la ville,

en date du 2 septembre 1760. Il convient, en cette considération,
de publier le texte de cette délibération :

Ce jour, nous prévôt des marchands et échevins de la ville, assemblés au
bureau de la ville avec le procureur du roy et de la ville, pour les affaires
d'icelle, ayant considéré que feu Antoine Moriau, décédé le 20 mai 1759, procureur et avocat du roy et de la ville, honoraire, avoit, par la singulière considération qu'il avoit pour la ville, légué à ladite ville par son testament des 11 et
14 may audit an 1759, dont copie est jointe à la minute des présentes, sa bibliothèque, manuscrits, recueils de pièces fugitives tant imprimées que manuscrites, de
toutes les cartes, estampes, dessins exécutés à la main, des médaillers et médailles
qui y sont renfermées ou éparses dans quelques tiroirs des bureaux des cabinets,
le tout sans aucune exception ni réserve, son désir ayant toujours été qu'il y eût
en l'Hôtel de Ville de Paris une bibliothèque publique, comme il y en a une en
l'hôtel de ville de Lyon, et ayant légué de plus à ladite ville tous les jettons qu'il
avoit rassemblés et qui formoient partie du médailler, et en outre tous les deniers
comptants qui se trouveroient luy appartenir au jour de son décès, comme aussy
toutes les sommes qui pourroient luy être dues par la ville pour honoraires,
jusqu'au jour de sa démission par luy donnée le 27 décembre 1758, son intention
ayant été par là de mettre la ville en état d'accélérer l'établissement de ladite
bibliothèque publique; et dans la vue de suivre les intentions dudit feu sieur
Moriau, et lui donner pour la ville une marque de notre reconnoissance, nous
aurions accepté ledit legs, dont nous auroit été fait délivrance par acte passé
devant Bellanger et son confrère, notaires au Châtelet de Paris, le 22 juillet dernier; en conséquence, aurions cru ne pouvoir mieux faire quant à présent, ne se
trouvant pas un vaisseau à l'Hôtel de Ville propre à former ladite bibliothèque
publique, que de renouveler le bail de l'hôtel de Lamoignon, appartenant à M. le
chancelier, dans lequel ledit feu sieur Moriau faisoit sa résidence et est décédé, ce
qui a été exécuté; et nous serions d'autant plus portés à renouveler ledit bail, que
la bibliothèque se trouvoit toute placée et en état d'être utile plus tôt au public,
qu'il ne s'agissoit plus à présent que de former cet établissement dans ledit hôtel
de Lamoignon, jusqu'à ce qu'il pût être fait par la suite dans l'intérieur des bâtiments de l'Hôtel de Ville, qu'il paroissoit d'abord essentiel d'y établir un bibliothécaire dont les talents nous seroient connus, pour vivre dans ladite bibliothèque,
faire le choix des éditions nouvelles, vendre les anciennes éditions, suivant que
ledit sieur Moriau y a consenty par sondit testament, compléter ladite bibliothèque, suivant les ordres qui lui seront donnés par le Bureau, ouvrir ladite
bibliothèque au public, les jours qui seront par nous ordonnés, et avoir par nous
la charge et la garde de tout ce qui y est renfermé; qu'il paroissoit avant tout de
la dernière conséquence qu'il fût fait, par celuy qui sera choisi par nous pour
remplir ladite place de bibliothécaire, un recueil général de tous lesdits livres et

CONVALESCENCE DE LOUIS XV.

du temps de leurs éditions, de tous les dessins, estampes, médailles, jettons et de toutes les autres pièces renfermées dans les cabinets, lequel recueil par nous reconnu sera déposé au greffe de ladite ville; qu'il paroissoit encore nécessaire de fixer une habitation au bibliothécaire dans ledit hôtel, ainsi qu'à celuy qui seroit sous ses ordres, tant pour le travail journalier à ladite bibliothèque que pour le service du public, et d'avoir pour la garde et la sûreté dudit hôtel un portier ou suisse, qui seroit chargé en même temps du nettoyement et balayage nécessaires; tant dans ledit hôtel que dans toutes les pièces concernant ladite bibliothèque, que, quelque envie que nous ayons de satisfaire le public par l'ouverture de cette bibliothèque, il ne nous paroissoit possible de l'exposer au public qu'au 1ᵉʳ avril de l'année 1762, tant à cause de la confection du recueil général de tout ce qui y est renfermé, que des autres dispositions essentielles pour qu'elle puisse être exposée au public; qu'il sembloit que nous ne pouvions faire choix, pour remplir la place de bibliothécaire, plus agréable, et dont nous puissions avoir plus de satisfaction, que de la personne du sieur Bonamy, pensionnaire de l'Académie royale des belles-lettres, qui a déjà été nommé par nous précédemment à la place d'historiographe de la ville, et qui, par son travail assidu et ses lumières, a ramassé beaucoup de matériaux utiles à la ville, et dont il doit faire une collection; qu'il nous paroissoit également de l'intérêt de la ville, dans le service de ladite bibliothèque, de faire choix, pour la place de sous-bibliothécaire, de la personne du sieur Mulattier, qui, du vivant dudit feu sieur Moriau, avoit le soin et la suite de ladite bibliothèque; qu'avec le secours et la connoissance de ces deux personnes, nous ne pourrions manquer de commencer avec satisfaction cet établissement; qu'il nous paroissoit nécessaire que tant le bibliothécaire que le sous-bibliothécaire ayent une commission de nous, prêtent serment en nos mains, et qu'ils aient des appointements tels que nous les jugerons les plus convenables, et en même temps une connoissance de leurs devoirs et fonctions; qu'il devoit en être usé de même à l'égard du portier ou suisse dudit hôtel, dont les fonctions et les devoirs seront la sûreté et la propreté tant de ladite bibliothèque que de l'hôtel; sur quoy, la matière mise en délibération, et oüy sur ce le procureur du roy et de la ville à ce consentant, nous avons arrêté et délibéré, arrêtons et délibérons par ces présentes :

ARTICLE PREMIER.

Que la bibliothèque et autres effets y renfermés, qui a été léguée à la ville par ledit feu sieur Moriau, décédé procureur du roy et de la ville, honoraire, demeurera établie dans l'hôtel de Lamoignon, rue Pavée, pendant le temps et espace de neuf années, qui ont commencé le 1ᵉʳ juillet de la présente année, suivant le bail qui en a été passé entre M. le chancellier et nous, le...... et plus de temps ou ailleurs, s'il plaisoit à M. le chancellier de rentrer dans sondit hôtel, jusqu'à ce qu'il se trouve à l'Hôtel de Ville un lieu propre pour cet établissement.

Art. 2.

Que pour la garde de la bibliothèque, la suite, pour la rendre plus complette, changer les éditions, il sera commis pour bibliothécaire la personne de Pierre-Nicolas Bonamy, pensionnaire de l'Académie royale des belles-lettres et historiographe de la ville.

Art. 3.

Que ledit bibliothécaire sera tenu de faire l'inventaire général et par matières, le plus tôt qu'il sera possible, de tous les livres, cartons, manuscrits, dessins, médailles, jettons et autres généralement quelconques, renfermés dans ladite bibliothèque, lequel sera signé de luy et par nous reconnu pour être ensuite déposé au greffe de la ville; et sera fourni un double dudit inventaire audit bibliothécaire.

Art. 4.

Que ledit bibliothécaire sera logé audit hôtel, affin de veiller sans cesse à sa conservation et à son entretien, et sur la conduite du sous-bibliothécaire, et de ceux qui pourroient être commis en sous-ordre; et exécutera au surplus tous les ordres qui luy seront donnés par le bureau; il luy sera fait des appointements par ladite commission, et il prêtera serment en nos mains.

Art. 5.

Que le sous-bibliothécaire sera chargé, sous les ordres du bibliothécaire, du soin de la bibliothèque et de tous les objets qui la concernent, de proposer audit bibliothécaire ses observations sur le changement d'éditions, achapt de livres nouveaux pour compléter ladite bibliothèque, manuscrits ou autres, lesquels changements, ventes ou achapts lesdits bibliothécaire et sous-bibliothécaire ne pourront faire qu'en vertu d'une délibération du bureau, et les devoirs attachés à la commission qui lui sera donnée par le bureau; dont sera donné un double audit bibliothécaire pour sa décharge, et de se concerter en tout avec ledit sous-bibliothécaire pour les intérêts de la ville et le bien dudit établissement.

Art. 6.

Que la commission de sous-bibliothécaire sera donnée à Jean-Baptiste Mulattier, lequel sera tenu de prêter le serment en nos mains, et jouira des appointements qui luy seront accordés par ladite commission, et sera tenu de se conformer aux devoirs qui luy seront prescrits par icelle, et jouira en outre d'un logement audit hôtel qui luy sera par nous fixé.

Art. 7.

Que la bibliothèque commencera à être ouverte au public au 1er avril de l'ennée 1762; et avons fixé les jours où elle sera publique aux mercredy et samedy de chaque semaine, à moins que ces jours ne tombent sur des jours de fête, auquel cas elle restera fermée.

Art. 8.

Qu'il sera, en outre, étably audit hôtel un portier ou suisse pour veiller tant sur la sûreté desdits effets de la bibliothèque, que pour la sûreté et netteté de l'hôtel, auquel portier ou suisse sera assigné un logement, et sera tenu de faire et exécuter ponctuellement tous les devoirs qui luy seront indiqués par la commission qui luy sera donnée, et prêtera serment par-devant nous, et sera de même pourvu à ses gages par ladite commission.

Fait et arrêté au bureau de la ville, ledit jour 2 septembre 1760.

Signé : CAMUS, CHOMEL, BOYER, LE BLOCTEUR. DARLU et JOLLIVET.

A la date du 18 août 1763, le bureau de la ville prend une délibération pour l'acquisition de la bibliothèque du sieur Bonamy, historiographe et bibliothécaire de la ville, moyennant 600 livres de pension viagère, et à la date du 15 septembre 1768 une autre délibération pour l'acceptation de la bibliothèque de feu Tauxier, avocat au parlement et ordinaire de la ville. En 1772, le 23 septembre, intervient entre le bureau et le chapitre du prieuré royal de Saint-Louis de la Culture une convention pour

la jouissance du local de sa bibliothèque, rue Saint-Antoine,
afin d'y placer celle de la ville. Installée, l'année suivante, dans
l'ancien collège des jésuites et ouverte au public le 16 juin, la
bibliothèque, qui avait entre ces deux dates reçu une donation très
importante de Nicolas de la Pinte de Livry, évêque de Callinique,
y demeura sous la garde du bibliothécaire Ameilhon jusqu'au

28 fructidor an V (5 septembre), époque où il fut décidé qu'elle serait
transférée au Louvre pour être mise à la disposition de l'Institut.

Le 15 vendémiaire an VI, Molinos, architecte et inspecteur
des bâtiments départementaux, adressait, pour faire maintenir à
Saint-Louis de la Culture tout au moins l'installation matérielle
de la bibliothèque, un rapport aux administrateurs du département de la Seine, qui firent droit à ses conclusions. L'agence-
ment des salles de la Bibliothèque demeura donc ce qu'il était, et

servit à la troisième école centrale de Paris, installée dans la « ci-
devant maison de Louis-la-Culture. » Décrétées en 1794 et orga-
nisées en 1795, les écoles centrales n'eurent qu'une courte durée;
elles furent supprimées en 1802. Un arrêté du gouvernement, du
8 pluviôse an XI 29 janvier 1803, ayant ordonné que les bibliothèques de ces écoles fussent mises à la disposition et sous la sur-

veillance des municipalités, qui nommeraient et rétribueraient les
conservateurs, Frochot, préfet de la Seine, s'empressa de reconstituer la bibliothèque de la ville et de la confier à Nicoleau, l'ancien président du Directoire exécutif du département, qui en
avait eu soin depuis la nomination d'Ameilhon au poste d'admi-
nistrateur de la bibliothèque de l'Arsenal.

Avec le désintéressement patriotique qui caractérisait la plupart des hommes de la Révolution, et dont nous trouvons

aujourd'hui dans des circonstances analogues un exemple fort admirable, Nicoleau avait consacré toutes ses ressources à l'accroissement de cette bibliothèque. On ajouta à ses collections les ouvrages appartenant aux dépôts des deux autres écoles centrales, et la municipalité parisienne entra définitivement en possession de sa bibliothèque.

L'arrêté suivant de Frochot, en date du 4 germinal an XII, consacra la nouvelle création :

Le conseiller d'État, préfet du département de la Seine,

Vu l'arrêté du gouvernement en date du 8 pluviôse an XI, qui met à la disposition et sous la surveillance des municipalités les bibliothèques des écoles centrales supprimées ;

ARTICLE PREMIER.

La bibliothèque faisant partie de l'école centrale de la rue Saint-Antoine, qui a été supprimée par l'arrêté du 23 fructidor an XI, portera à l'avenir le titre de Bibliothèque de la ville de Paris.

ART. 2.

La conservation en sera confiée à un bibliothécaire nommé par le préfet.

ART. 3.

Il y aura, en outre, pour le service de l'établissement un garçon de bibliothèque qui sera présenté par le bibliothécaire et nommé par le préfet.

ART. 4.

Il sera fait un règlement particulier pour l'ordre intérieur de la bibliothèque.

Fait à Paris, le 4 germinal an XII.

Signé : FROCHOT.

La nouvelle bibliothèque fut transférée à l'ancien hôtel des Viviers, rue Saint-Antoine, 287. Dans les premières années de la

Restauration, le comte de Chabrol, préfet de la Seine, l'installa dans les bâtiments dépendant de l'ancienne église Saint-Jean. Transportée ensuite provisoirement dans une maison privée du quai d'Austerlitz, pendant les travaux d'agrandissement de l'Hôtel de Ville, elle fut définitivement installée dans les combles du nouveau monument, où l'incendie l'a détruite.

Jusqu'en 1817, la Bibliothèque avait peu progressé. Ce n'est qu'à partir de cette époque que le comte de Chabrol alloua pour son entretien une somme de 7,000 francs. En 1841, le conseil municipal vota des crédits spéciaux pour l'acquisition d'anciens ouvrages relatifs à l'histoire de la Ville; mais la Bibliothèque ne prit une extension considérable et ne devint digne de la municipalité parisienne qu'après la Révolution de 1848.

Au moment de son incendie, la Bibliothèque comprenait environ 80,000 volumes, dont plusieurs milliers de manuscrits et 15 à 20,000 monographies de Paris. Depuis la première plaquette de Gilles Corrozet, publiée en 1532, jusqu'à la dernière brochure parue la veille même du 24 mai, toutes les éditions des ouvrages sur la capitale s'y trouvaient représentées.

Les catalogues de la Bibliothèque ayant été brûlés, il est difficile de donner des renseignements bien détaillés et très complets sur sa composition; toutefois nous pouvons dresser un inventaire exact des grandes collections qui s'y trouvaient :

Plusieurs collections très importantes d'ouvrages théologiques et classiques d'un très grand prix, travaux inappréciables de haute érudition, des Martène, des Montfaucon, des d'Achery, des Mabillon, des bénédictins, des bollandistes, etc.;

Une collection rarissime de monographies des villes et des provinces de France;

Une suite complète et absolument introuvable aujourd'hui des almanachs royaux depuis 1700;

Une série d'ouvrages héraldiques et généalogiques;

Le fonds Bonamy, dont le catalogue se trouve aux Archives nationales série 4, et dans lequel nous remarquons plusieurs Elzéviers, entre autres le *Novum Testamentum græcum,* plusieurs Plantin, des Robert Estienne et une collection nombreuse des Pères de l'Église ;

Le fonds Tauxier ;

La collection Wattemare, renfermant 10,000 volumes environ, consacrés exclusivement au Nouveau Monde et particulièrement aux États-Unis ;

Une collection complète d'anciens plans de Paris, entre autres le célèbre plan monumental, maison par maison, qu'on avait mis soixante ans à établir ; le plan dit de la Tapisserie, exécuté vers 1540 et divisé en neuf parties ; le plan attribué à Ducerceau (1560,

acheté par la ville 2,350 francs, et dont il n'existe qu'un autre exemplaire provenant de la célèbre bibliothèque de Saint-Victor, aujourd'hui à la bibliothèque de l'Arsenal; le plan de Paris et de ses environs, ordonné par Jouvin de Rochefort, trésorier de France sous Louis XIV;

Une série d'albums grand format, des plus précieux, compre-

nant des monographies des monuments et des édifices religieux parisiens; les albums des places de Paris, des travaux de construction de quatre-vingt-dix églises : Saint-Eustache, Saint-Martin-des Champs, Saint-Nicolas-du-Chardonneret, Saint-Germain-l'Auxerrois, Saint-Roch, Saint-Germain-des-Prés, Notre-Dame-de-Lorette, Saint-Philippe-du-Roule, Saint-Vincent-de-Paul, Saint-Jean de Belleville, Saint-Leu, Saint-Étienne-du-Mont, etc., etc.;

plans signés : Duban, Lassus, Viollet-le-Duc, Baltard, Percier et Fontaine, Hitorff, Lebas, etc.;

Une collection de monographies de Notre-Dame de Paris, collection des plus rares, composée de 218 pièces sur ce monument, dessins, estampes, processions, confréries, armoiries nationales et religieuses, achetées à la vente Gilbert 2,200 francs;

L'album de Du Cerceau, acquis à la vente de l'architecte Callet, 32,000 francs;

Tous les procès-verbaux de la commission historique et les ouvrages manuscrits contemporains sur l'histoire de la ville, prêts à être publiés.

Le joyau de la Bibliothèque, l'ouvrage dont la destruction seule équivaut à un désastre, irréparable pour l'art français et pour l'histoire de Paris, était le *Missel* de Juvénal des Ursins, cédé à la ville, le 3 mai 1861, par M. Ambroise-Firmin Didot. Ce missel « à l'usage de Poitiers » avait été exécuté de 1446 à 1457 pour Jacques Juvénal ou Jouvenel des Ursins, septième fils du célèbre prévôt des marchands de Paris Jean Juvénal des Ursins, mort en 1431 à Poitiers. Il appartint ensuite à Raoul V du Faou ou du Fou, évêque d'Évreux, qui paraît en avoir fait don à son chapitre ou à quelque abbaye de cette ville. Devenu la propriété de M. Masson de Saint-Amand, préfet du département de l'Eure en l'an VIII, il fut acquis par M. de Bruges, qui le vendit en 1849 au prince Soltikoff pour 10,000 francs. A la vente de la collection de celui-ci, il fut acheté au prix de 36,000 francs par M. Ambroise-Firmin Didot qui le céda à la ville pour 35.962 francs, assurant ainsi à Paris la possession de ce monument unique de l'art français.

Ce missel, qui renfermait 227 feuillets, était décoré de deux grandes miniatures à pleine page et de cent trente-huit autres, toutes encadrées avec de grandes lettres initiales. Les lettres historiées. en couleurs sur fond d'or enrichi de rinceaux, de fleurs

et d'armoiries, étaient au nombre de 3,222 : vingt-six avaient de
16 à 18 centimètres de dimension, soixante et onze de 10 à 11,
et cent quarante et une de 6 à 8. Les marges étaient couvertes de
rinceaux dont les ramifications figuraient un feuillage pittoresque,
émaillé de fleurs, de fruits, rempli de personnages, d'animaux et
de figures de fantaisie. Les armoiries des Ursins, répandues à
profusion dans les ornements de chaque page, avaient été recou-
vertes par celles de l'évêque Raoul du Fou ; néanmoins elles étaient
très visibles en certaines parties. Plusieurs miniatures contenaient
le portrait de Jacques Juvénal, notamment l'une des plus belles
qui représentait la procession de l'Hôtel de Ville, reproduite fréquemment dans les ouvrages concernant l'histoire de Paris.

« Ce manuscrit grand in-folio, dont la splendeur nous étonne
et qui est un des plus beaux monuments que l'on connaisse de
l'art français au milieu du xv⁰ siècle, écrivait Ambroise-Firmin
Didot, peut être considéré comme une encyclopédie des monuments, des costumes, des meubles, des armes et des instruments
de toute espèce du temps. On y voit figurer la société dans ses
diverses conditions, avec les costumes et les armes de l'époque. Les
châteaux, les forteresses, les édifices avec leurs tuiles vernissées,
l'intérieur des habitations, les meubles, les ustensiles de la vie privée y sont reproduits fidèlement. Les fonds présentent une ordonnance variée, remarquable surtout par l'élégance et la profondeur
de la perspective ; les détails et les ornements de l'architecture sont
traités avec une délicatesse infinie, et reproduisent probablement
en totalité ou en partie quelques monuments de l'époque...

« Le *Missel* de Juvénal des Ursins révèle l'histoire intime
d'une époque tout entière. A lui seul, il est un véritable musée,
où chaque tableau est encadré d'ornements qui le rattachent artis-
tiquement aux marges du livre, et l'habile emploi de l'or, dont
l'éclat rayonne au milieu d'une pluie de fleurs, offre un aspect plus
séduisant que la bordure monotone des tableaux de nos musées. »

Parmi les plus belles miniatures de ce missel qui ne contenait presque que des merveilles, on citait particulièrement *l'Ascension de la Vierge*, qu'Eugène Delacroix jugeait digne de Raphaël; la *Pentecôte*, « un tableau de maître qui devance son époque et qui réunit toutes les conditions de l'art[1] »; la *Procession de la sainte hostie sur la place de Grève*; le *chœur de la Sainte-Chapelle*, qui a servi de guide précieux à Lassus dans ses travaux de restauration de ce monument; la *Fête de tous les Saints*; la *Décollation de saint Jean-Baptiste*, une page digne des plus grands artistes. De qui étaient ces miniatures ? On l'ignore, et toutes les recherches faites pour découvrir les noms des peintres de génie qui les avaient exécutées n'ont produit aucun résultat. De tous ces chefs-d'œuvre, il ne reste plus aujourd'hui qu'un souvenir.

Une nouvelle bibliothèque de la ville de Paris a été constituée. Grâce aux crédits votés par le conseil municipal, aux libéralités de quelques éditeurs parisiens et de nombreux érudits, mais surtout à la générosité patriotique de son savant conservateur, M. Jules Cousin, qui a donné, comme premier noyau des collections, sa précieuse bibliothèque consacrée particulièrement à l'histoire de Paris et composée de plus de 8,000 volumes, elle a déjà acquis une très grande importance, et l'on peut espérer qu'avant peu d'années elle atteindra le nombre des volumes de la bibliothèque détruite en 1871. Malheureusement, il est des ouvrages précieux que l'on ne pourra remplacer et dont la perte est irréparable. Personne ne nous restituera, hélas! le *Missel* de Juvénal des Ursins!

---

1. *Missel de Juvénal des Ursins*, par Ambroise-Firmin Didot. Imprimerie A.-Firmin Didot (1861).

XXII

LES ARCHIVES

Tous les érudits qui s'occupent de l'histoire de Paris ont gravi, de 1860 à 1871, cet escalier noir, tourné en colimaçon, qui de l'avenue Victoria conduisait au sixième étage de l'annexe nord de l'Hôtel de Ville. Sous les combles écrasés de cet édifice, construit cependant à une époque où l'on se flattait de faire grand, on avait eu l'idée malencontreuse de transporter, pour la plus grande incommodité du public et des travailleurs, les archives de la ville de Paris, comprenant l'inappréciable série des actes de l'état civil depuis le xv⁰ siècle jusqu'à 1860. L'installation de ces collections au sommet d'un batiment peuplé d'une quantité de bureaux pourvus d'une multitude d'appareils de chauffage et d'éclairage, contigu à plusieurs habitations particulières, faisait naître chaque jour des craintes d'incendie et dans le cas d'un sinistre général, comme celui du 24 mai 1871, devait rendre tout sauvetage impossible. Si les événements n'ont que trop, hélas! justifié ces prévisions, nous devons féliciter les administrateurs d'aujourd'hui de s'être montrés plus vigilants conservateurs du dépôt confié à leur garde, en installant les archives nouvelles dans un hôtel isolé, construit et aménagé en vue de cette destination spéciale. Nous devons faire connaître l'importance de ces anciennes archives, dont la ruine fut une catastrophe, non seulement au point de vue social, puisque tous les titres de la grande famille parisienne ont été complètement détruits, mais encore au point de vue historique, l'incendie de 1871 ayant anéanti une quantité de documents inédits du plus grand intérêt et de la plus haute valeur.

Indépendamment de plusieurs centaines de cartons bondés de pièces concernant les corps de métiers, il existait, dans l'ombre la plus épaisse de l'ancien dépôt, 691 registres des délibérations de toutes les corporations de l'ancien Paris, dont un entre autres, celui des *Délibérations et Ordonnances des marchands merciers de Paris* (1596-1696), a fourni la matière d'un volume intéressant avec préface et notes, par M. Saint-Joanny, archiviste de la Seine. Le fait est certifié dans un rapport adressé le 4 août 1810 par l'archiviste, M. de Propiac, au secrétaire général de la préfecture. « Il y a aux archives du département, disait M. de Propiac, six cent quatre-vingt-onze registres provenant des ci-devant arts et métiers. La plus grande partie de ces registres est décidément inutile, et il ne serait vraiment essentiel de conserver que ceux qui renferment les délibérations des divers corps et les livres de réception de la maîtrise. Cependant il y a une observation à faire relativement à tous ces registres : si l'on rétablissait un jour les maîtrises. chaque corps de communauté serait bien aise de trouver de quoi se former des archives. Le plaisir qu'ont eu MM. de l'École de droit à retrouver de vieux registres, mangés par les vers et les

rats, me fait faire cette observation à laquelle je n'attache néanmoins pas plus d'importance qu'elle n'en mérite. »

Les chefs hiérarchiques de M. de Propiac ne partagèrent heureusement pas cette pitié indifférente. L'un d'eux apostilla même
ce singulier rapport de cette réflexion : *On n'a déjà que trop
détruit;* et c'est ainsi que ces documents, préservés de destruction au commencement du siècle, restèrent, comme une foule
d'autres, enfouis dans la poussière d'archives que l'on avait
intérêt à tenir sous le boisseau. Pourquoi? Pour mettre un
terme aux spoliations diverses effectuées par plusieurs administrateurs et particulièrement par les Archives de l'État. Ce motif
est consigné formellement dans un rapport adressé par le préfet
de la Seine en 1819 et caractérise une situation que le premier
fonctionnaire du département, dès le 19 janvier 1809, révélait au
ministre de l'intérieur dans les termes suivants :

« Votre Excellence s'étonnera sans doute que ces prétendues
archives ne renferment aucunes parties intéressantes sous le rapport historique. Votre étonnement cessera, monseigneur, lorsque
vous saurez qu'à différentes époques, antérieures à l'établissement de la préfecture, des commissaires des Archives nationales
vinrent enlever sans formalités, sans inventaires, sans donner de
récépissé, tout ce qui leur parut intéressant, et notamment beaucoup de pièces et de titres relatifs aux anciens édifices et établissements de Paris, à l'histoire de cette ville, aux fêtes et cérémonies
célébrées à l'Hôtel de Ville et honorées de la présence des souverains. Beaucoup de pièces utiles à l'administration lui ont été
enlevées à cette époque. Il n'est resté que ce dont personne n'a
voulu. »

Si l'on rapproche de ce document d'autres rapports adressés
par l'archiviste, cette même année 1809, et constatant le dépouillement de *5,000 cartons, 3,000 liasses et 9,000 registres,* on est
amené à conclure que le préfet de la Seine voulait simplement

prévenir une nouvelle dispersion des archives municipales en cachant la vérité au ministre. Le subterfuge réussit à ce point que l'on insérait officiellement, peu après, dans l'*Annuaire de l'Archiviste,* la déclaration suivante : *Il n'existe aux archives de la Seine aucun document antérieur à 1789.* Nul historien, nul chercheur ne songea ainsi à s'aventurer de ce côté-là. Les amoncellements de papiers modernes versés par l'administration, la

GALERIE DES FÊTES
Peinture de H. Lehmann.

centralisation, en 1860, des documents trouvés dans les mairies suburbaines annexées et dans celles de Paris remaniées, eurent pour résultat d'enfouir plus profondément encore cet ancien dépôt, dont l'existence même ne fut révélée qu'en 1868, par M. Saint-Joanny.

A cette époque, l'administration municipale avait entrepris la publication de l'*Histoire générale de Paris.* Un service spécial, composé d'érudits, fut chargé de compulser dans tous les dépôts publics ou privés les matériaux utiles à cette œuvre. M. Saint-Joanny fut ainsi appelé officiellement à procéder à l'exhumation des richesses historiques dont la garde venait de lui être confiée. Dans le cours de l'année 1868, le secrétaire de la préfecture annonçait au conseil général du département que le dépouillement, commencé depuis six mois, avait produit déjà 3,000 fiches analytiques de documents concernant exclusivement la corporation des merciers de Paris.

Le registre de cette corporation était fort remarquable.

Peinture de H. Lehmann.

La reliure, en maroquin avec de superbes fers représentant les armoiries de la corporation, et garnie de gardes en argent ciselé, pouvait être considérée à juste titre comme un chef-d'œuvre. Plusieurs pages étaient ornées de miniatures de la plus belle exécution, représentant des épisodes de la vie de saint Louis, le patron de la corporation : son départ de Paris pour la croisade, son embarquement à Aigues-Mortes, son débarquement en Égypte, et sa mort. La finesse du dessin et l'éclat de la couleur faisaient de ces miniatures des œuvres artistiques de haute valeur.

Le registre de la corporation des apothicaires était également orné à la première page d'une très belle miniature, représentant la passion du Christ, sur laquelle les apothicaires, à leur réception à la maîtrise, juraient de conserver fidèlement et de défendre, au péril de leur vie, les privilèges et les droits de la corporation. La fraîcheur de la miniature s'était ressentie des opérations fréquentes de la prestation de serment.

Un autre registre fort précieux était celui qui contenait les marques et scels des membres de la corporation des marchands drapiers. A son entrée dans la maîtrise, chaque marchand était tenu d'apposer sur ce registre sa signature sociale et sa marque de fabrique. Le plus grand nombre de ces marques étaient des miniatures très délicatement exécutées; les autres consistaient en scels à la cire, de diverses dimensions. Ce registre constituait un véritable armorial de la corporation des drapiers.

Les procès-verbaux des assemblées électorales d'où sortirent les députés de Paris et de l'Ile-de-France à la Constituante, à la Législative, les comptes rendus des séances des districts et des sections, les actes de la Commune et du Directoire, étaient là en minutes originales, avec des documents nombreux sur l'organisation de l'Église constitutionnelle et les listes d'émargement du clergé parisien assermenté. Les terribles journées de 93, les massacres de septembre en particulier, tenaient une grande place dans les archives, par des reçus, des bons, des réquisitions de diverse nature en faveur de ceux qui avaient « travaillé » dans les prisons. Tous les registres d'enrôlement au tambour sur les places publiques au jour de l'invasion s'y trouvaient, et l'on pouvait écrire l'histoire des guerres de la Révolution au moyen des rapports adressés par les chefs et par les soldats des légions parisiennes aux sections de la capitale.

Venaient ensuite les actes administratifs de la préfecture de la Seine créée en l'an VIII, les papiers de Frochot, la correspondance de la ville avec le premier consul pour la reprise des grands

travaux. Le rétablissement de l'octroi, la création des abattoirs, la formation des budgets, les travaux édilitaires, tels que les percements de la rue de Rivoli, des quais Napoléon et Montebello, y avaient également laissé des traces considérables, ainsi que les fêtes et les cérémonies publiques, depuis la fédération du Champ de Mars jusqu'au mariage de Napoléon Iᵉʳ.

La Restauration, le gouvernement de Juillet, la République de 1848 et le second Empire avaient légué de nombreux actes administratifs à ce dépôt; les plus importants avaient fort heureusement été imprimés; ce qui a contribué à atténuer la perte des originaux et en a permis la restitution. On a recherché ces imprimés; on a glané partout les copies et les expéditions diverses des actes détruits, et l'on a réussi à reconstituer ainsi la majeure partie des pièces incendiées. Mais les archives contenaient un trésor unique, inappréciable, que l'on ne peut remplacer : la collection des registres de l'état civil des paroisses de Paris, formant une série de plusieurs milliers de volumes, dont les plus anciens remontaient aux XIIIᵉ et XIVᵉ siècles. Toute la population parisienne était là, enregistrée dans les trois actes importants de la vie civile et religieuse : baptême, mariage, inhumation. Des généalogies, des signatures, des renseignements intimes qu'on aurait vainement cherchés ailleurs abondaient dans cette collection. Toutes les illustrations parisiennes dans tous les genres avaient là leur état civil. Ces registres précieux pouvaient fournir la matière de plusieurs millions de biographies. Les historiens, les chroniqueurs y avaient puisé abondamment; mais quelles découvertes curieuses n'y avait-il point encore à y faire! Un grand nombre de points obscurs de notre histoire littéraire, industrielle, militaire et religieuse avaient là sans aucun doute leur solution. C'est véritablement en brûlant ces documents que la Commune a détruit le berceau de Paris. Fort heureusement, des érudits avaient fouillé patiemment ces registres. L'un d'eux, que la mort a enlevé récemment à la science, un chercheur infatigable et toujours heureux, Jal, y avait, particulièrement, fait de remarquables découvertes. Dans la seconde édition de son *Dictionnaire biographique,* il nous fournit à ce sujet les renseignements suivants :

« Je suis heureux que mon travail biographique se soit enrichi d'extraits innombrables des registres si indignement et si inutilement détruits ; ces extraits ne sont pas empruntés aux actes les plus intéressants peut-être, mais ils ont une importance qu'ont bien voulu reconnaître toutes les personnes qui s'occupent des arts, du théâtre, des lettres et de l'histoire à certains points de vue. Ils ne sont pas tout ce qui reste des archives incendiées, ce serait trop dire ; ils en sont certainement au moins le reste le plus considérable. Un éditeur de Mme de Sévigné a recueilli beaucoup d'actes ; M. de Manne en a réuni un certain nombre qui intéressent les gens de théâtre ; M. Ravenel en avait une collection. »

M. le comte de Laborde, directeur des Archives de l'empire, avait fait relever vers 1862, sur les registres de l'état civil, tous les actes relatifs aux peintres, tailleurs d'images, architectes, brodeurs, imprimeurs, libraires, relieurs, etc., du xvie siècle et de la première moitié du xviie siècle. En 1862, M. Harduin, qui collaborait pour la partie concernant les artistes à la *Nouvelle Biographie générale* du Dr Hoëfer, a transcrit ou analysé un très grand nombre d'actes et de documents. Quatre cent cinquante-six ont été imprimés dans le *Cabinet de l'amateur ;* le reste, soit 2,600 documents, a fourni la matière d'une publication fort intéressante, éditée par Herluison à Orléans, sous ce titre : *Actes d'état civil d'artistes français, peintres, graveurs et architectes, extraits des registres de l'Hôtel de Ville de Paris, détruits dans l'incendie du 24 mai 1871.*

XXIII

RELIQUIÆ

De tous les chefs-d'œuvre que nous venons de décrire, il ne reste plus, hélas! que le souvenir, les gravures qui en ont été exécutées sur les ordres de l'administration municipale et les documents, dessins, esquisses que nous avons pu retrouver çà et là.

Ce que l'on a eu la bonne fortune de recueillir dans les ruines fumantes est bien peu de chose; l'énumération en sera rapide.

La statue de Henri IV, placée au-dessus de la porte d'entrée, a été retrouvée morceaux par morceaux et l'on a pu la reconstituer en entier. La Commune l'avait fait desceller le 20 mai; c'est à cet incident que l'on doit la conservation de l'œuvre de Lemot. Dès le 12 juin on retirait des décombres le cheval tout entier et ensuite la statue; la tête du roi seule manquait; quelques jours après elle était déposée à la préfecture de la Seine par le commissaire de · police du quartier, auquel un gamin l'avait remise.

La statue en bronze de Louis XIV, qui ornait la grande cour d'honneur, a été découverte sous les plâtras ; elle avait peu souf-

FRAGMENTS DE GROUPES ET DE STATUES TROUVÉS DANS LES RUINES.

fert. Cette statue sera replacée dans le nouvel Hôtel de Ville.

En opérant dans la partie nord de l'édifice affectée au service historique, on retrouvait intacte la statuette en bronze, datant du IXe siècle et d'un art merveilleux, qui représente Charlemagne à cheval. On découvrait également dans les décombres une grande pièce d'orfèvrerie de Froment-Meurice assez détériorée,

mais gardant encore une partie des pierres précieuses et des
cristaux qui l'ornaient; le magnifique surtout de la ville, œuvre
du même artiste, tellement tordu et transformé par le feu qu'il
en était devenu presque méconnaissable.

Quant aux statues de la façade, la plupart ont été sauvées.
A la suite de l'incendie, ou
par le fait du bombardement
par les troupes de Versailles,
quatre avaient été totalement
détruites; De Juvénal il ne
restait plus qu'un tronc in-
forme. Étaient en bon état :
Jean Goujon, Pierre Lescot,
Ph. Delorme, de la Vacquerie, Gros, d'Alembert, Ambroise Paré, Papin, Achille
de Harlay, Lallié, Budé, Jean
Aubry, Bailly, Condorcet,
Colbert, Catinat, de la Reynie,
Molière, Boileau, de Thou,
Lebrun, Mansard, Voltaire,
Robert Estienne, Mathieu
Molé, Turgot et Lavoisier
n'avaient reçu que des écor-
chures. Gozlin, saint Vincent
de Paul, Lesueur, Voyer d'Ar-

TÊTE DE MÉDUSE DE LA PORTE D'ENTRÉE,
ŒUVRE DE PERLAN (XVII° SIÈCLE.)

genson, Buffon, Sully, Miron, Rollin et Frochot étaient privés de
mains ou de jambes; Boyleaux avait la tête et les deux mains
enlevés. Deux statues par Fayolle représentant Rambuteau et
Rémusat n'avaient pas encore été placées dans leur niche.

Un buste en marbre de Voltaire, qui se trouvait dans la
bibliothèque, a été sauvé; on l'avait enlevé pendant la Com-

mune. Il se trouve actuellement à la bibliothèque de l'Arsenal.

Des fragments assez importants des bas-reliefs et des groupes d'enfants de la fontaine de la cour d'honneur ont pu être conservés.

On a recueilli les belles têtes de méduse en bronze de la porte principale d'entrée, têtes dues à Perlan, le meilleur fondeur

parisien du XVII siècle, et dont Sauval disait en son style pittoresque : « Elles font peur, tant elles sont hideuses et bien exécutées. »

En tamisant les cendres dans les ruines, après le déblayement de la grande galerie des fêtes, plusieurs milliers de médailles de la collection Legras, acquise par la ville, furent retrouvées ; elles sont actuellement au musée Carnavalet ; on retira en même temps des décombres une certaine quantité de pierres lithographiques appartenant au service des plans et à peu près intactes, malgré la chute considérable qu'elles avaient faite et en dépit de la violence de l'incendie.

Les bustes de souverains et de princes de familles régnantes qui décoraient la première des salles des délibérations n'ont pas été brûlés. Ils avaient été envoyés par la Commune dans les magasins des beaux-arts; c'est à cette mesure qu'est due leur conservation.

Une statuette d'argent représentant Henri IV, par Bosio, qui se trouvait dans cette salle avait été, en même temps, déposée au musée du Louvre par ordre de la Commune.

Le buste en terre cuite de Palissy a été sauvé dans les mêmes conditions.

GALERIE DES FÊTES, H. L.

1779

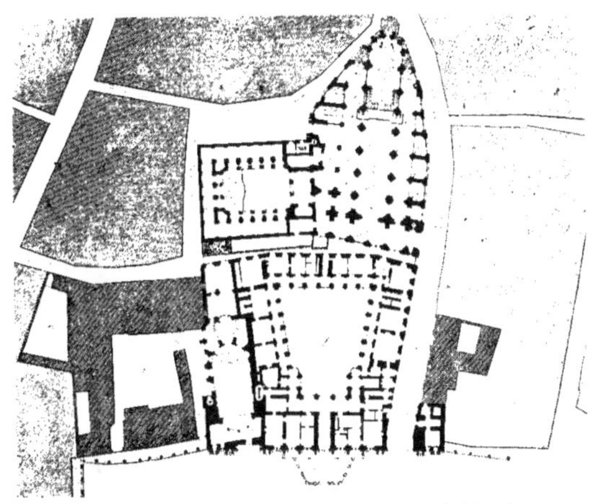

a. Bâtiments de l'hôpital du Saint-Esprit.
b. Cour principale de l'hôpital.
c. Chapelle du Saint-Esprit.
d. Arc du Saint-Esprit.
e. Cour des dépendances.
f. Cour d'honneur.
g. Bureaux.
h. Dépendances.
i. Arc Saint-Jean.
k. Église paroissiale de Saint-Jean en Grève.
l. Chapelle Saint-Jean.

1843

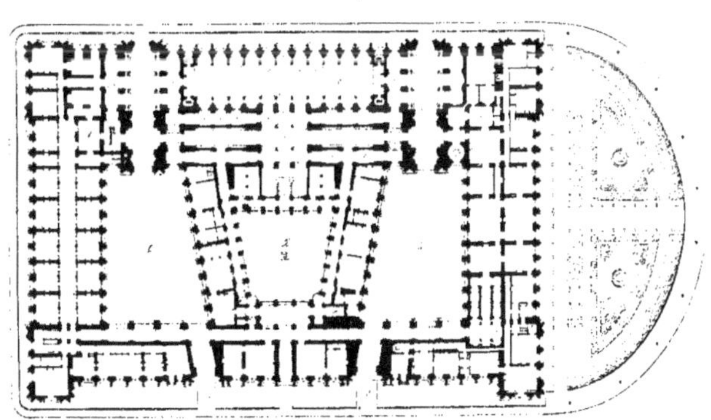

a. Appartements du préfet.
b. Jardin du préfet.
c. Cour du préfet.
d. Cour d'honneur.
e. Cour des bureaux.
f. Arc du Saint-Esprit.
g. Arc Saint-Jean.

LISTE

DES ARTISTES, ARCHITECTES, PEINTRES, SCULPTEURS, ETC.

QUI ONT PRIS PART

A LA CONSTRUCTION ET A LA DÉCORATION

DE

L'ANCIEN HOTEL DE VILLE

1533-1871

ARCHITECTES, MAITRES DES ŒUVRES, DIRECTEURS DES TRAVAUX

Arasse Jacques. — Chargé de la direction des travaux sous François Ier.

Assellin Jehan. — Maistre des œuvres de la ville sous François Ier.

Baltard. — Architecte, né en 1802, mort en 1878.

Boccador Dominique, dit de Cortone. — Architecte à qui nous attribuons le plan primitif de l'Hôtel de Ville. Né en... ., mort en 1549.

Caqueton Louis. — Chargé de la direction des travaux sous François Ier.

Chambiches Pierre. — Maistre des œuvres de la ville de Paris, né en... ., mort en 1544.

Chemin Jehan du. — Maistre des œuvres de la ville de Paris (xvie siècle).

Durantel. — Maistre des œuvres de l'Hôtel de Ville (xvie siècle).

Godde. — Architecte, né en 1802, mort en 1870.

LESUEUR. — Architecte, né en 1801, membre de l'Institut.

MOLINOS. — Architecte, né en 1804, mort en 1865.

MARCHAND Charles. — Maistre des œuvres en 1608.

VALLÉE Marin de la. — Entrepreneur de maçonnerie, juré du roy en l'office de maçonnerie, mort en 1655.

VAUTHIER. — Architecte de la ville de Paris, collaborateur de Baltard.

VIVENEL. — Entrepreneur général des travaux de l'Hôtel de Ville, 1837.

PEINTRES

BELLEL, né à Paris en 1817, médaille de 1re classe, 1848; ✳, 1860.

BLOIS Jean de Blois, XVIe siècle.

BOURIN Louis, XVIIe siècle.

BENOUVILLE, né en 1821, mort en 1859.

BOULLONGNE Louis Ier, né en 1609, mort en 1674.

CHOPIN Henri-Frédéric, né à Lubeck Allemagne, de parents français. — Prix de Rome, 1831; médaille de 1re classe, 1085; ✳, 1854.

COGNIET Léon, né à Paris en 1794. — Prix de Rome, 1817; médaille de 2e classe, 1824; ✳, 1828; O. ✳, 1846; membre de l'Institut, 1849; médaille de 1re classe, E. U. 1855; mort en 1880.

COURT Joseph-Désiré, né à Rouen, en 1797; élève de Gros. — Prix de Rome, 1821; médaille de 1re classe, 1831; ✳, 1838; conservateur du musée de Rouen, 1853; mort en 1865.

DELACROIX Henri-Eugène, né à Charenton en 1798; mort en 1863.

DELAROCHE Paul, né en 1797, mort en 1856.

DESGOFFES Alexandre, né à Paris. — Médaille de 3e classe, 1842; 2e classe, 1843; 1re classe, 1845; ✳, 1857.

DORIGNY Michel, mort en 1665.

DROLLING, né en 1753, mort en 1817.

FLANDRIN Jean-Paul, né à Lyon, en 1811. — Médaille de 2e classe, 1839; 1re classe, 1847; ✳, 1852, mort en 1864.

FRANCOEUR XVIIe siècle.

GÉRARD baron, né en 1770, mort en 1837.

GOSSE Nicolas-François, né à Paris en 1787; élève de Vincent. — Médaille de 2e classe, 1824; O. ✳, 1870.

HALLÉ XVIIe siècle, mort en 1675.

HESSE Auguste, né en 1785, mort en 1852.

INGRES, né en 1780, mort en 1866.

Jadin (Louis-Godefroy), né à Paris. — Médaille de 3e classe, 1831; 2e classe, 1840; 1re classe, 1848; *, 1854; médaille de 3e classe, E. U. 1855.

Jehan d'Angers (XVIe siècle).

Lachaize, mort en 1874.

Landelle (Charles), né à Laval, 1805; élève de Paul Delaroche. — Médaille de 3e classe, 1855; 1re classe, 1848; *, 1855.

Lallemand (XVIIe siècle).

Largillière, né en 1659, mort en 1746.

Hédouin (Edmond), né à Boulogne-sur-Mer. — Médaille de 2e classe, 1848; 3e classe, 1855; E. U., *, 1872.

Lecointe (Charles-Joseph), né à Paris. — Médaille de 3e classe, 1844; prix de Rome, 1849; médaille de 3e classe, 1855, E. U.; rappel, 1866.

Lehmann (Henri), né à Kiel, duché de Holstein, naturalisé Français. — Médaille de 2e classe, 1835; 1re classe, 1840. *, 1846; médaille de 1re classe, 1848; O. *, 1853; médaille de 1re classe, 1855, E. U.; membre de l'Institut, 1864; mort le 1er avril 1882.

Muller (Charles), né à Paris. — Médaille de 3e classe, 1838; 2e classe, 1846; 1re classe, 1848; *, 1849; médaille de 1re classe, E. U., 1855; O. *, 1850; membre de l'Institut, 1864.

Oury (Alphonse-Joseph), né à Versailles. — *, 1868.

Picot, né à Paris, 1786; élève de Vincent. — Prix de Rome, 1813; *, 1825; membre de l'Institut, 1836; O. *, 1852; mort en 1868.

Porbus fils, né en 1570, mort en 1622.

Riesener (Hubert-Robert-Louis-Antoine-Léon), né à Paris; élève de Gros. — Médaille de 3e classe, 1836, 1855; *, 1873; mort en 1878.

Schnez (Jean-Victor), né à Versailles en 1787; élève de David, Gros, Regnault et Gérard. — Grande médaille d'honneur, 1819; *, 1825; membre de l'Institut, 1837; O. *, 1843; C. *, 1866; mort en 1870.

Séchan (Charles), né à Paris en 1803; *, 1849; mort en 1874.

Troy (François de), né en 1679, mort en 1752.

Vanloo (Michel), né en 1707, mort en 1771.

Vanloo (Carle), né en 1705, mort en 1765.

Vauchelet (Auguste-Théophile), né à Passy; élève d'Abel de Pujol et de Hersent. — Prix de Rome, 1829; *, 1860; mort en 1873.

Vernet (Horace), né en 1789, mort en 1863.

Yvon (Adolphe), né à Eschwiller (Lorraine). — Médaille de 1re classe, 1848; 2e classe, E. U. 1855; *, 1855; médaille d'honneur, 1857; médaille de 2e classe, 1867; O. *, 1867.

SCULPTEURS

AUVRAY, né en 1810 à Valenciennes, élève de David d'Angers.

BARRE Jean-Auguste, né à Paris. — Médaille de 2ᵉ classe, 1834; 1ʳᵉ classe, 1840; ✱ 852.

BIARD Pierre, mort en 1609.

BIARD fils, mort en 1661.

BODIN XVIIᵉ siècle.

BOSIO François-Joseph, baron, né à Monaco en 1769. — Membre de l'Institut; mort en 1845.

BRION Isidore-Hippolyte, né à Paris en 1799; élève de Bosio. — Médaille de 2ᵉ classe, 1819-1857; ✱, 1863; mort en 1863.

BRUN Sylvestre-Joseph, né à Paris en 1792; élève de Lemot. — 1ᵉʳ grand prix de Rome, 1807.

CAILLOUETTE Louis-Denis, né à Paris en 1790; élève de Castelier et de Girodet; 2ᵉ grand prix, 1818; médaille de 2ᵉ classe, 1822; mort en 1868.

CALMELS Anatole-Célestin, né à Paris en 1839; élève de Bosio et Pradier. — Médaille de 3ᵉ classe, 1852; rappel, 1857.

CAUDRON, né en 1818, mort en 1865.

CAUNOIS, né à Bar-sur-Ornaire en 1783; mort à Paris en 1858.

CAVELIER Jules-Pierre, né à Paris en 1814. — Prix de Rome, 1842. — Médaille de 3ᵉ classe, 1842; 1ʳᵉ classe, 1849; médaille d'honneur, 1849; ✱, 1850; O. ✱, 1861; membre de l'Institut, 1865.

CHARDIGNY Pierre-Joseph, né à Aix en 1794, mort à Paris en 1866.

CHENILLON Jean-Louis, né à Auteuil en 1810; élève de David d'Angers et de Daubigny; médaille de 3ᵉ classe, 1876.

COUSTOU (Guillaume fils, né en 1716, mort en 1777.

COYSEVOX, né en 1639, mort en 1720.

DANTAN aîné Antoine-Laurent, né à Saint-Cloud en 1798; élève de Bosio et de Brion. — Prix de Rome, 1828; médaille de 1ʳᵉ classe, 1835; ✱, 1843; médaille de 3ᵉ classe, E. U. 1855; mort en 1873.

DAVID DE VILLIERS XVIᵉ siècle.

DE BAY Jean, né à Nantes en 1802; élève de son père. — 2ᵉ grand prix, 1823; médaille 1ʳᵉ classe, 1836; ✱, 1851; mort en 1862.

DEMESMAY Camille, né à Besançon. — Médaille de 2ᵉ classe, 1848.

DIÉBOLT Georges, né à Dijon en 1816; élève de Ramey et de Dumont. — Prix de Rome, 1841; médaille de 2ᵉ classe, 1848; 1ʳᵉ classe, 1852; ✱, 1853; mort en 1863.

Desprez (Louis), né à Paris en 1799; élève de Bosio. — 2e prix, 1822; prix de Rome, 1826; médaille de 1re classe, 1843; *, 1851; mort en 1871.

Dubois (Jules-Charles), né à Rennes. — Médaille de 3e classe, 1842.

Duret (Francisque), né à Paris en 1804. — Grand prix de Rome, 1823; médaille de 1re classe, 1831; *, 1836; membre de l'Institut, 1838; O. *, 1841; grande médaille d'honneur, 1855; mort en 1865.

Duseigneur (Bernard-Jean), né à Paris en 1808; élève de Bosio, Dupaty et Cortot. — 2e médaille, 1834; mort en 1868.

Gayrard, né à Rodezen en 1777, mort à Paris en 1858.

Goujon (Jean), né vers 1515; mort vers 1572.

Gruyère (Th.-Charles), né à Paris en 1813; élève de Ramey. — Médaille de 3e classe, 1836; prix de Rome, 1839; médaille de 2e classe, 1843; médaille de 1re classe, 1846; *, 1866; médaille de 2e classe. E. U. 1867.

Guersant (Sébastien), né à Dol (Indre) en 1799; élève de Castellier. — Médaille d'or, 1814; mort en 1853.

Guérin (Gilles), né en 1610, mort en 1678.

Houdon, né en 1740, mort en 1828.

Huguenin (Victor), né à Dôle; élève de Ramey. — Médaille de 2e classe, 1836; mort en 1861.

Husson (Jean-Marie-Aristide), né à Paris en 1802; élève de David d'Angers. — Grand prix de Rome, 1830; médaille de 2e classe, 1848; 1re classe, 1857; mort en 1864.

Iselin (Henri-Frédéric), né à Clairegoutte (Haute-Saône) en 1824. — Médaille de 3e classe, 1852 et 1855, E. U.; *, 1863.

Jouffroy (François), né à Dijon en 1806; élève de Ramey fils. — Grand prix de Rome, 1832; *, 1843; O. *, 1861; membre de l'Institut, 1857.

Lemot, né à Lyon en 1771, mort à Paris en 1827.

Lequien (Justin-Marie), né à Paris; *, 1852.

Mercier (Michel-Louis-Victor), né à Meulan (Seine-et-Oise). — Médaille de 2e classe, 1835; 1re classe, 1841.

Millet (Aimé), né à Paris en 1816. — Médaille de 1re classe, 1857; *, 1859; médaille de 1re classe, 1867, E. U.; O. *, 1870.

Maindron (Étienne-Hippolyte), né à Champtoceaux (Maine-et-Loire) en 1801. — Médaille de 3e classe, 1838; 2e classe, 1848; rappel, 1859. *.

Moyne (Antonin), né à Saint-Étienne (Loire) en 1797; élève de Gros et Girodet, mort en 1849.

Ottin (Auguste-Louis-Marie), né à Paris en 1811. — Prix de Rome, 1836; médaille de 2e classe, 1842; 1re classe, 1846; *, 1867.

Petit (Jean), né à Besançon. — Médaille de 3e classe, 1846.

Préault, né à Paris en 1809. — Médaille de 2e classe, 1849; *, 1870. Mort en 1879.

Ramus (Joseph-Marius), né à Aix (Bouches-du-Rhône). — Médaille de 2ᵉ classe, 1831 : 1ʳᵉ classe, 1839 : ✳. 1852.

Thomire, né à Paris en 1751, mort en 1843.

Toussaint, né à Paris en 1806, mort en 1862.

Walcher (Joseph-Adolphe-Alexandre), né à Paris. — Médaille de 2ᵉ classe, 1848.

SCULPTEURS ORNEMANISTES, STUCATEURS, FABRICANTS

DE BRONZES ET DE MEUBLES ARTISTIQUES

Bernard.	Gallois.	Mallet.
Bex.	Gayraud fils.	Marga.
Bus.	Grevenich.	Paillard.
Combettes.	Humbert.	Perlan.
Donico.	Jalay.	Plantar.
Falguet.	Lecorné.	Protat.
Froment-Meurice.	Lechesne.	Venot.

LE

NOUVEL HOTEL DE VILLE

LE NOUVEL HOTEL DE VILLE

Aussitôt après la défaite de l'insurrection, la première préoccupation de l'administration municipale fut la reconstruction de l'Hôtel de Ville. Le conseil municipal décida à l'unanimité de mettre en réserve, pour être consacrée à cette œuvre, comme premier crédit, une somme de trois millions.

Le préfet de la Seine, M. Léon Say, saisit le conseil des travaux d'architecture de l'étude de cette question, pour laquelle il demandait l'urgence. Le conseil consacra aux débats du projet de reconstruction de l'Hôtel de Ville de nombreuses séances. Un de ses membres les plus éminents, M. Duc, rédigea un rapport très détaillé, qui concluait ainsi : « Il y a lieu de repousser le mode de concours, soit restreint, soit public et de confier la désignation de l'architecte qui sera chargé de la réédification de l'Hôtel de Ville à un jury nommé par le conseil municipal, lequel choisira, entre tous les candidats qui se présenteront pour obtenir ce travail, celui d'entre eux dont les œuvres passées et les aptitudes connues offriront à l'administration municipale les meilleures garanties d'exécution. » Le rapport du conseil d'architecture fut soumis à la commission des beaux-arts et des travaux historiques; la discussion s'engagea entre les membres de cette commission et ceux du conseil sur ces deux questions :

1° La reconstruction de l'Hôtel de Ville dans son état en 1870, reconstruction dont la dépense était évaluée à 15 millions de francs;

2° La reconstruction de l'Hôtel de Ville avec les modifications exigées par l'extension des services municipaux.

Le programme auquel la commission et le conseil s'arrêtèrent se résumait ainsi :

Reconstruire l'Hôtel de Ville en réunissant les appartements du préfet, le conseil municipal et les services administratifs; conserver l'œuvre de Godde et Lesueur, en façade sur la place Lobau, respectée par l'incendie; reproduire religieusement l'édifice primitif dit du Boccador dans tous ses détails, ainsi que la cour dite de Louis XIV, l'escalier de Marin de la Vallée, la salle du Trône, les tourelles en saillie et le campanile. Pour cela, on devait établir en recul les bâtiments latéraux à droite et à gauche de l'édifice primitif et accentuer par l'abaissement du comble des bâtiments latéraux la différence de style qui distinguait le vieil édifice de François Ier de ses adjonctions successives.

Une sous-commission de dix membres fut nommée pour rédiger le programme de la reconstruction de l'Hôtel de Ville et de l'exécution des travaux. Cette sous-commission, après de longues études, adopta des résolutions conformes à ce programme, résolutions qu'elle formula en ces termes :

« 1° Le recul de la façade pouvant être limité entre les anciennes tourelles et les pavillons d'angle, accentuer résolument la différence du style entre l'ancien édifice et les adjonctions;

« 2° Faire que l'antique façade du Boccador soit moins absorbée qu'elle ne l'était par les anciennes constructions;

« 3° Apporter à l'art moderne un style sobre et vigoureux à la fois;

« 4° Élargir les bâtiments d'angle sur les côtés (côtés de la rue de

Rivoli et du quai), d'environ 3 mètres de chaque côté pour l'aménagement et l'agrandissement des bureaux, si cela est nécessaire ;

« 5° Il n'y a pas lieu, quant à présent, de déterminer le style qu'il conviendra d'adopter pour relier l'ancienne façade aux nouveaux bâtiments.

En conséquence, le préfet de la Seine déposa devant le conseil municipal la proposition suivante :

« Il sera institué une commission générale composée de huit membres du conseil municipal et des membres de la commission des beaux-arts pour l'examen des avant-projets qui pourraient être produits. Cette commission aura pour mission spéciale de désigner les trois architectes qui lui paraissent les plus capables de dresser le projet définitif, après approbation du conseil municipal, et de diriger les travaux. M. le préfet de la Seine choisira sur cette liste, dressée par ordre alphabétique, l'architecte auquel sera confiée, dans les conditions du programme adopté par le conseil, la reconstruction de l'Hôtel de Ville. »

Le conseil municipal nomma, pour examiner la proposition du préfet de la Seine, une commission composée de MM. Binder, *président ;* Delzant, *secrétaire ;* Gavrel, Perrin, Louvet, Leleux, Dubief, Jobbé-Duval, Piat, Félix Dehaynin. La commission repoussa la proposition du préfet de la Seine et arrêta le projet de délibération qui suit :

Le Conseil.

Vu le rapport du conseil d'architecture de la préfecture de la Seine, en date du 6 septembre 1871 ;

Vu le rapport de la commission des beaux-arts et des travaux historiques, en date du 13 octobre 1871 ;

Vu le mémoire de M. le préfet de la Seine, en date du 28 novembre 1871 ;

Vu le rapport qui lui a été présenté par sa commission ;

Délibère :

1° Les conclusions du rapport ci-dessus visé sont approuvées en ce qui concerne les conditions générales du programme de la reconstruction de l'Hôtel de Ville ;

2° La reconstruction de l'Hôtel de Ville sera mise au concours ;

3° Il y a lieu d'instituer une commission de dix membres du conseil municipal, à l'effet de s'entendre avec la commission des beaux-arts pour rédiger le programme définitif du concours, et la loi qui devra le régir ;

4° Sont nommés membres de ladite commission :
MM.

Le conseil municipal consacra de nombreuses séances à la discussion du programme du concours. Le 23 juillet 1872, le préfet de la Seine publiait un arrêté ouvrant un concours public pour la reconstruction de l'Hôtel de Ville, lequel concours devait être clos le 31 janvier 1873. Aux termes du programme, la façade principale était maintenue dans l'axe de l'avenue Victoria et devait reproduire exactement l'ancienne façade dite du Boccador. L'administration rappelait aux concurrents les termes de la délibération du conseil portant que les constructions existantes devaient être utilisées dans la plus large mesure possible.

Soixante-six projets furent présentés. Voici la liste, par ordre alphabétique, des auteurs de ces projets :

MM. Aragon, Banaget, Ballu et Deperthes, Baltard, de Baudot, Benard, Blondel, Bosc, Boudier, Breton, Brouilhonny, Brouty, Calinaud et Rozier, Carion, Chardon et Lambert, Chevey, Chipiez, Crepinet, Daviaud et Peters, Davioud, Degeorge, Demangeat, Duseigneur, Escalier, Formigé et Leclerc, C. Fournier, J. Fournier, Gerhard, Grandjacquet, Guadet, Hardy, Herbault, Jean, Joigny, Joliet et Belle, Laballe, Lafolye, Leclerc, Lecomte, L'Enfant, Leroux, Lescène, Lheureux, Magne père, Magne fils, Masson et Robin, Massé, Mayeux, Morin, Moyaux et Lafforgue, Navarre fils, Noguet, Pelajay, Parent et Reboul, Pascal, Poissonnier, Postalle, Raulin, Roguet et Menjot de Dammartin, Rolland et Bruneau, Roulet, Rouyer, Storez, Thouvenin, Treboulet, Vaudremer.

Le jury du concours se composait de trente membres dont voici les noms :

Membres nommés par le conseil municipal et pris dans son sein :

MM. Perrin, Piat, Jobbé-Duval, Ohnet, Binder, Thorel, Hérold, Vauthier, Delzant et Callon.

Membres nommés par le préfet et pris dans l'administration ou dans la commission des beaux-arts et des travaux historiques de la préfecture de la Seine :

> MM. Husson, secrétaire général de la préfecture de la Seine; Alphand, directeur des travaux de la ville; Charles Blanc, chef de la division des beaux-arts au ministère de l'instruction publique, membre de l'Institut; Bailly, architecte; Duc, architecte, membre de l'Institut; Guillaume, statuaire, membre de l'Institut; Labrouste, architecte, membre de l'Institut; de Longpérier, membre de l'Institut; Vitet, membre de l'Institut, et Croiseau, architecte-vérificateur.

Membres nommés par les concurrents :

> MM. Millet, architecte; Ginain, architecte; Louvet, architecte; Leboueux, architecte; Audié, architecte; Ch. Garnier, architecte; Lefuel, architecte, membre de l'Institut; Abadie, architecte; Lesueur, architecte, membre de l'Institut; et Viollet-le-Duc, architecte.

Le jury commença ses opérations le 10 février. Sur les soixante-dix concurrents, vingt-huit furent tout d'abord éliminés après discussion des conclusions d'une sous-commission de huit membres. Les trente-huit projets conservés furent ceux de :

> MM. Ballu et Deperthes, Baltard, de Baudot, Benard*, Boudier, Breton*, Brouty*, Calinaud et Rozier, Chardon et Lambert*, Crepinet, Davioud, Degeorge, Demangeat, Escalier, Gerhard, Granjacquet, Guadet, Hardy*, Joigny*, Joliet et Belle, Labulle, Lafolye, Leclerc, L'Enfant*, Lheureux, Magne père, Magne fils, Mayeux, Moyaux et Lafforgue, Noguet, Parent et Reboul, Pascal, Poissonnier, Portalle, Raulin, Rolland et Bruneau*, Roguet et Menjot de Dammartin, Rouyer, Vaudremer*.

Cette première élimination effectuée, les vingt-deux membres du jury qui ne faisaient pas partie de la sous-commission se partagèrent en deux

---

1. Les noms marqués d'un astérisque sont ceux des artistes concurrents éliminés d'abord par la sous-commission, mais maintenus par le jury.

groupes de onze membres chacun ; ces deux groupes, après avoir procédé isolément à l'examen des trente-huit projets, se réunirent et arrêtèrent une liste de vingt noms à mettre en première ligne. La sous-commission, de son côté, fit un travail analogue. De la discussion générale qui eut lieu alors dans le sein du jury, sortit la liste définitive des vingt noms suivants :

> MM. Ballu et Deperthes, Baltard, Breton, Calinaud et Rozier, Chardon et Lambert, Crepinet, Davioud, Demangeat, Escalier, Gerhard, Labulle, Leclerc, Lheureux, Magne père, Moyaux et Lafforgue, Pascal, Poissonnier, Roguet et Menjot de Dammartin, Rouyer, Vaudremer.

Le jury procéda ensuite à la séparation de douze noms à classer tout de suite comme n'ayant droit qu'à la prime de 2,500 francs, huit noms devant rester pour être soumis à un classement ultérieur; c'est à cette occasion qu'on eut recours pour la première fois à un scrutin.

Le vote se fit sur listes, chacun des votants inscrivant sur une liste les noms des douze concurrents qu'il jugeait devoir être éliminés. Il n'y avait eu jusque-là que des votes par assis et levés.

Le nombre des votants étant de 31, par suite de la présence de M. le préfet de la Seine, la majorité absolue était de 16 voix.

Le vote donna les resultats suivants :

> MM. Calinaud et Rozier, Chardon et Lambert, 31 voix; Leclerc, 30 voix; Breton, Demangeat, Pascal, Poissonnier, 29 voix ; Escalier, Gerhard, Labulle, 28 voix; Crepinet, 21 voix; Lheureux, 17 voix.

Venaient ensuite :

> MM. Baltard, 15 voix; Davioud, 6 voix; Moyaux et Lafforgue, Roguet et Menjot de Dammartin, 5 voix; Magne père, 3 voix; Rouyer, Vaudremer, 2 voix; Ballu et Deperthes, 0 voix.

C'est entre ces huit derniers concurrents que le jury eut à choisir l'architecte qui devait être chargé de l'exécution du monument, et ceux auxquels seraient décernées les cinq primes de 15,000, 12,000, 10,000,

8,000 et 5,000 francs fixés par le programme. Un scrutin fut ouvert pour chacun des prix, en commençant par le premier. Le jury n'avait encore procédé que par voie d'élimination. Il adopta pour cette dernière opération le mode de scrutin ordinaire.

Le nombre des votants était toujours de 31 et la majorité absolue de 16 voix.

Voici le chiffre des voix obtenues par chacun des concurrents à ces scrutins successifs :

NOMS DES CONCURRENTS.	1er PRIX.	1re PRIME.		2e PRIME.		3e PRIME.	4e PRIME.	5e PRIME.	
	1er tour.	1er tour.	2e tour.	1er tour.	2e tour.	1er tour.	1er tour.	1er tour.	2e tour.
MM.									
Ballu et Deperthes	20	»	»	»	»	»	»	»	»
Baltard...............	»	»	»	»	»	»	2	7	3
Davioud..............	5	8	6	14	17	»	»	»	»
Magne père...........	2	5	2	5	1	11	16	»	»
Moyaux et Latforgue....	»	1	»	3	1	4	8	14	19
Roguet et Menjot de Dammartin...............	1	2	»	1	»	»	5	10	9
Rouyer...............	2	14	23	»	»	»	»	»	»
Vaudremer.............	»	1	»	12	12	16	»	»	»
Total........ ...	30	31	31	31	31	31	31	31	31

En conséquence, les concurrents furent classés dans l'ordre suivant :

1er prix : MM. Ballu et Deperthes. — 1re prime : M. Rouyer. — 2e prime : M. Davioud. — 3e prime : M. Vaudremer. — 4e prime : M. Magne père. — 5e prime : MM. Moyaux et Latforgue.

A la suite venaient :

MM. Roguet et Menjot de Dammartin, Baltard, à chacun desquels il fut alloué des primes de 2,500 francs.

MM. Ballu et Deperthes firent subir à leurs plans diverses modifications demandées par l'administration municipale. Il ne fut point donné suite au projet de conserver certaines parties du monument ; on rasa entièrement les ruines. L'ensemble de ces modifications a accru la dépense du devis primitif de 1,385,652 francs.

Le conseil municipal approuva le projet définitif pour lequel les dépenses autorisées se sont élevées au total de 16.209,531 fr. 36 centimes.

Les trois premiers lots de travaux comprenant la maçonnerie (6,454,669 fr. 28 c.), la terrasserie (130,270 fr. 91 c.) et la charpente (517,412 fr. 18 c.) furent adjugés peu après, la maçonnerie avec un rabais de 13 fr. 50 pour 100 et la charpente avec un rabais de 29 fr. 70 pour 100, ce qui a constitué sur le montant des prévisions une diminution de 1,200,000 francs.

Quant à l'annexe nord de l'Hôtel de Ville, située entre la place du même nom, l'avenue Victoria et la rue de la Coutellerie, les travaux pour sa réédification furent adjugés et ont été exécutés, indépendamment de ceux du nouvel Hôtel de Ville. La dépense avait été évaluée à 1,139,197 francs.

GALERIE DES FÊTES, H. L.

DOCUMENTS

EXTRAITS DES REGISTRES DE L'HOTEL DE VILLE

1533-1618

(Archives nationales et archives de la ville)

———

RÉSUMÉ STATISTIQUE

DES DÉPENSES DE LA VILLE DE PARIS (HOTEL DE VILLE)

DE 1797 A 1840

———

EXTRAITS DES REGISTRES DE COMPTES

DE 1839 A 1854

I

EXTRAITS DES ANCIENS REGISTRES DE LA VILLE

(Archives nationales. — Archives de la ville)

23 AVRIL 1533. — ÉGLISE DU SAINT-ESPRIT

François, par la grace de Dieu, roy de France, à tous ceulx qui ces presentes lettres verront, salut. Comme pour la décoration de nostre bonne ville de Paris, ville cappitale de notre royaulme, nous eussions piéça ordonné à noz tres chers et bien-amez les prevost des marchans et eschevins de nostre dicte ville, faire croistre, eslargir, bastir et reediffier de nouveau l'Hostel commun d'icelle, en ensuivant laquelle nostre ordonnance, lesdicts prevost des marchans et eschevins, auroient faict faire ung pourtraict de la forme et devys du bastiment dudict Hostel, lequel ils nous auroient monstré, et l'ayant trouvé agréable, nous leur aurions derechef commandé y faire besongner à toute diligence; et pour ce que oultre les maisons qu'ilz ont puis naguères acheptées pour l'eslargissement dudit bastiment, il leur est encores besoing avoir et recouvrer la saillye de l'eglise du Saint-Esprit, qui est joignant la saillye dudict Hostel, estant de largeur jusques au portail de ladicte eglise, tenant d'une part à ladicte saillye d'icelluy hostel commun, et d'autre à une maison que tient à présent Philibert Roullart, sur laquelle saillye y a ung grand grenier que ceulx dudict Saint-Esprit louent à certains particuliers, et avec ce leur est aussi besoing avoir et recouvrer une autre maison que tient ung mareschal, laquelle soulloit appartenir à Denis Drouet, barbier, estant en ung costé de la rue de Sainct-Jehan-en-Grève, à l'opposite desdictes maisons jà acheptées par lesdits prevost et eschevins; et combien que iceulx prevost des marchans et eschevins veullent pour le recouvrement desdictes maisons et saillies, bailler bonne, suffisante et raisonnable recompense auxdicts de gens de bien, neantmoins ils doubtent que sans nostre permission et voulloir les detenteurs et propriétaires desdictes choses facent refuz de les bailler, ou pour l'urgente necessité et besoing qu'ils veoient et congnoissent que l'on en a, les faire surachapter oultre leur juste prix et valeur, humblement nous requerant sur ce leur pourveoir de nostre grace, savoir faisons que nous desirons singulièrement la perfection et accomplissement du bastiment et ediffice dudict hostel commun, et noz voulloir, intencion et ordonnance estre sur ce ensuiviz, à iceulx prevost des marchans et eschevins, pour ces causes et autres à ce nous mouvans, avons permis et octroyé, permettons, octroyons, voullons et nous plaist qu'ilz puissent et leur loise prandre et appliquer audit bastiment et ediffice d'icelluy hostel commun, les saillye et maison cy-dessus declarez, specifiez et designez, en baillant préallablement aux détenteurs et propriétaires d'iceulx bonne, suffisante et raisonnable recompense, selon ledit et jugement et oppinion de gens de bien et de conscience, que pour ce faire seront appellez. Si donnons en mandement par ces mesmes presentes, à nos amez et féaulx les gens de nostre cour de Parlement de Paris, par-devant lesquelz lesdicts prevost des marchans et eschevins ont leurs causes commyses, que de noz presens grace, permission, octroy et voulloir ilz facent, souffrent et laissent iceulx prevost des marchans et eschevins joyr et user plainement et paisiblement; cessans et faisans cesser tous troubles et empeschemens à ce contraires, et à faire et souffrir ce que dessus, contraignent ou facent contraindre lesdictz detenteurs et propriétaires, en cas de reffuz ou delay reaument, et de faict, icelles recompenses préalablement consignéez nonobstant oppositions ou appellations quelconques pour lesquelles ne voullons estre différé. Car tel est nostre plaisir, nonobstant comme dessus, et quelzconques ordonnances, restrictions, mandemens ou deffences à ce contraires. En tesmoing de ce, nous avons faict mectre nostre scel à cesdictes présentes. Donné à Fontainebleau, le vingt-troysiesme jour de avril, l'an de grace mil cinq cens trente-troys, et de notre règne le dix-neuf-viesme.

Par le Roy, *signé* BRETON. *avec paraphe.*

. . . . . .

6 JUIN, 27 JUILLET ET 4 AOUT 1605

CONTINUATION DE L'HOTEL DE VILLE; PREMIER MARCHÉ
AVEC MARIN DE LA VALLÉE

Reg. de la ville.

Le lundi sixiesme jour de juin mil six cens cinq, messieurs les prévost des marchans et eschevins estans au grand bureau de la ville, ont fait publier les ouvraiges de maçonnerie qu'il convient faire pour continuer le pan de mur de devant de la grande salle de l'Hostel de la Ville, estre à faire et bailler au rabaiz et moings disant; à l'extinction de la chandelle, suivant les affiches auparavant mises à ceste fin.

Et ne s'estant présenté aulcunes personnes pour entreprendre lesditz ouvraiges, ladicte publication auroit esté remise à ung autre jour; et après plusieurs remises iceulx ouvraiges auroient derechef esté publiez le mercredy, vingtiesme jour de juillet, où ce seroient présentez Marin de la Vallée, juré du roy en l'office de la maçonnerye, demeurant en ceste ville, rue Beaubourg, qui auroit entrepris de faire lesdictz ouvraiges, et en ce faisant, continuer ledict pan de mur de devant de la grande salle dudict Hostel de Ville, moyennant la somme de six vingtz quinze livres tournois la toise courante *bout-avant*, en fournissant par luy de touttes matières, et rendant place nette et fournissant de matières.

Et à l'instant a esté allumé la chandelle et déclaré aux assistans le rabaiz estre de quarente solz tournois sur chacune thoise, à l'extinction de la chandelle, Pierre Robelin, aussy maistre maçon, a mis rabaiz de quarente solz tournois.

Et ce pour ce qu'il ne s'est présenté aucune autre personne pour mectre rabais sur ledict Robelin, ladicte publication et adjudication auroit esté remise au mercredy vingt-septiesme dudict moys de juillet, et ordonné nouvelle affiche estre mise, ce qui auroit esté faict.

Advenu lequel jour mercredy, vingt-septiesme juillet, sur les cinq à six heures de rellevée, iceulx ouvraiges ont esté derechef publiez au bureau de la ville, estre à bailler au rabais et moings disant, sur le pris de six vingtz treize livres la toise, ou ce seroit présenté ledict de la Vallée, qui auroit mis rabais de quarante solz, cy xL s. ;

Aultre rabais, Georges Pattin, de quarante solz, cy xL s. ;

Aultre par ledict de la Vallée, de quarante solz, cy xL s.

Et pour ce que par-dessoubz ledict de la Vallée ne s'est présenté aucune personne pour mectre rabais, avons audict de la Vallée, comme moings disant, et en la presence du procureur du roi et la ville, et de Pierre Guillain, maistre des œuvres d'icelle, adjugé et adjugeons lesdicts ouvraiges cy-devant mentionnez, moiennant le pris et somme de six vingtz-sept livres tournois la toise courant bout-avant, à la charge par icelluy de la Vallée, de faire bien et deuement icelles ouvraiges de massonnerye au dire du maître des œuvres de la ville et autres gens à ce cognoissans ; fournir de toutes matieres et estoffes, peyne d'ouvriers et rendre place nette, et de bailler bonne et suffizante caution, tant de bien et deuement faire lesdictz ouvraiges, que des deniers qu'il recevra ; laquelle besongne luy sera payée par maistre Francoys Frenicle, receveur des domaines, dons et octroys de ladicte ville, au fur et à mesure qu'il travaillera, et suivant noz ordonnances et mandemens.

Du quatriesme jour d'aoust mil six cens cinq.

Est comparu au bureau de la ville le dict de la Vallée, entrepreneur des ouvrages cy-devant mentionnez, lequel a présenté pour cautions, tant des deniers qu'il recevra, que de rendre ladicte besongne bien et deuement faite, Jehan Ponçart, maitre masson, à Paris, demeurant rue des Juifz, paroisse Sainct-Gervais, lequel à ce present a pleigé et cautionné ledict de la Vallée, pour ce que dessus, et a faict les submissions accoustumées ; lequel de la Vallée a déclaré lui appartenir deux maisons, tenant l'une à l'autre, scizes rue de Beaubourg, au cul-de-sacq, à l'enseigne de Nostre-Dame ; plus, d'une autre maison scize rue de la Baudoirye, à l'enseigne de la Souche ; nous avons ladicte caution receu et la recepvons par ces presentes, du consentement du procureur du roy et d'icelle.

Signé : Ponssart.

26

.

21 MARS 1608

DEVIS DES TRAVAUX DE MAÇONNERIE NÉCESSAIRES POUR LA VOUTE ET LA CHAPELLE DU SAINT-ESPRIT

(Archives nationales.)

Devis des ouvrages de maçonnerie, pierre de taille et taille d'icelles, qu'il convient faire pour messieurs les prévost des marchands et eschevins de ceste ville de Paris, en la construction des murs et voultes, tant pour la chappelle que entendent faire faire lesdicts sieurs sur la nef de la chappelle du Sainct-Esprit, que continuation de l'autre voulte au-dessus, selon qu'elle est jà encommancé, desquelles la teneur ensuict.

Premièrement sera faict le mur en fondation au travers de la chappelle dudict hospital, qui contiendra quatre toises quatre piedz de long, massonné de quatre piedz d'espoisseur de bon moislon, chaulx et sable reservé au droict du dessoubz des deux contrepilliers qui seront massonnez avec pierre de libaige de pierres joinctifiées, lesquelles auront quatre piedz de pierre au moings et de pareille largeur de quatre piedz dont les lictz des pierres des d. libaiges seront jaulgés en piquez depuis le fondz de ladicte fondation jusques au dessoubz de la première assize de pierres de taille desdicts pilliers.

Item au dessus de ladicte fondation sera levé les deux contrepilliers qui seront faictz de pierre de Cliequart dequis le dessus dudict libaige jusques au dessus de l'imposte de grands quartiers portant saillie de trois piedz hors le corps du mur sans comprendre les liaisons qu'il convient mectre dedans le corps des murs, le tout taillé proprement et massonné comme il appartient, moictié desquelles assises seront faictes de deux pièces et les autres d'une pièce.

Item sera levé au dessus de ladicte imposte le grand arc qui servira à porter le mur du pavillon dudict Hostel de Ville, les voulsoirs duquel arc seront faictes de pierres de taille de Cliequart de trois piedz et demy de long au moings, et de deux piedz trois quarts d'espoisseur taillé proprement et massonné comme il appartient, dont les quatre premiers voulsoirs auront leur lict jaulgé de niveau et jecté par advance en forme de tas de charge et faire le remplage à costé de ladicte arcade tout de pierre dure.

Item sera faict les fondations des deux murs aux deux costés d'icelle chappelle de la longueur des trois thoises qui sont prises pour la ville et de huict piedz d'espoisseur, en ce compris le dausseret ou contrepillier cy devant declairé et l'espoisse particullière du mur du Saint-Esprit comme il est à présent; et le surplus desdicts huict piedz se prendra du costé de la ville, au fonds de laquelle fondation sera mis deux assises de pierre de libaiges massonnées avecq chaulx et sable. Le reste de laquelle fondation massonnée aussy moictié de pierre de libaiges et l'aultre moictié de moillon, chaulx et sable, avecq une aultre assize au rez de chaussée, aussi de libaiges, et au-dessus d'icelle fondation et assize de libaige seront levez lesdicts murs à parement tant d'ung costé que d'aultre de pierre de taille de Clicquart jusques à la haulteur de huict piedz au dessus du rez de chaussée de la chappelle dudict hospital et au dessus desdicts huict piedz aussi de pierre dure jusques à la haulteur du rez de la salle dudict Hostel de Ville, et en levant lesdicts murs sera laissé par l'entrepreneur par advance les forme-retz, liernes et arachemens des voultes, le tout suivant et conformément au desseing qui en sera baillé.

Item convient faire la voulte au dessus de la nef de la chappelle dudict hospital du costé vers la Grève qui servira à porter le plancher de la chappelle à la haulteur de la grande salle du d. Hostel de Ville, voultée en forme de voultes d'augyve dont les arcs seront faictz de pierre de Sainct-Leu de deux piedz d'espoisseur compris les mouslures qui seront faictes au dessus desdicts arcs, lesquels pendantz auront du moings dix poulces de lict, le tout massonné proprement comme il appartient, et les mouslures faictes ausdicts arcs suivant le desseing qui en sera baillé à l'entrepreneur, et au dessus d'icelle voulte faire les remplages et araze de pierre des carrières de Saint-Leu massonné avec chaulx et sable.

Item sera aussy pareillement faict et continué la voulte de ladicte chappelle de l'hospital jusques contre le pavillon de la mesme forme, façon, construction et ordonnance qu'elle est à présent encommancé, et mesmement si les murs au dessoubz de ladicte voulte ne se trouvent suffisans, seront refaictz de la mesme forme, construction et matière que les autres du costé de la d. ville.

Le présent devis et advis a esté faict par nous Pierre Chambiges, François Petit, Claude Guerin et Claude Velfaulx, jurez du roy en l'office de massonnerie, nommez tant par mes dicts sieurs de la ville que par messieurs les maistres et goauverneurs du Sainct-Esprit, le vendredy vingt-uniesme mars mil six cens huict.

Ainsi signé : P. Chambiges, F. Petit, C. Guerin et C. Vellefaux.

19 JUIN 1607

DEVIS DES OUVRAGES DE MAÇONNERIE DU PAVILLON DU SAINT-ESPRIT
MARCHÉ AVEC MARIN DE LA VALLÉE

(Reg. de la ville.)

*Devis des ouvrages de maçonnerie et pierres de taille, qu'il convient faire en la con-
struction du pavillon neuf destiné estre faict vers l'hospital du Sainct-Esprit, le
mur de devant duquel sur la Grève, est de longtemps planté, est continué en grande
haulteur; ensemble la fondation d'ung mur de labb^r dudict pavillon, au travers
de la chappelle dudict hospital, selon le devis compillé et rédigé par escript par
Pierre Chambiges, François Petit, Claude Guérin, et Claude Villefaux, jurez du
roy en l'office de maçonnerie, nommez tant par M^{rs} de la ville que par les S^{rs}, M^{rs}
et Gouverneurs dudict hospital; ledict devis en datte du vingt ungniesme mars
mil vi^c huict, l'original duquel est au greffe d'icelle ville.*

Et premièrement fault abbattre et desmollir les murs, maçonneries et aultres empeschemens qui se trouveront à l'endroit auquel doibt estre asseiz et planté le mur à costé
dudict pavillon, joignant la porte de la court dudict hospital, et ce, depuis le mur neuf
sur la Grève, jusques à la vis et montée de pierre de thaille asseize, joignant la petite porte
du costé de la court dudictz hospital, et icelluy pan de mur faire de cinq pieds et demy
d'espoisse en fondations massonné à vif, fondz de deux asseizes de libaige, joinctissées
en chacune asseize portant neuf à dix poulces et des plus grandes pierres que faire se
pourra, les lictz et joinctz proprement picquex; continuer ladicte fondation en amont
jusques à ung pied près du dessus duvé de la Grève, dans laquelle haulteur seront com-
prises deux autres asseizes de pierre de libaige de bas Clicquart, ou aultre pierre dure
qui sera jugée bonne et suffisante et dont les lictz et joinctz seront proprement picquez
et taillez, le tout avecq bon mortier de chaux et sable, continuer, lier et joindre à icelle
fondation l'aultre mur de fondation naguères faict de neuf, pour porter l'arcade declarée
par le devis cy dessus datté.

Item au dessus de la fondation du mur de l'ung des costez dudict pavillon, fault
faire l'eslevation et continuation du mur de pierre de taille de pareille forme, structure,
espoisse, façon et quallitez de matières telles que le mur de dehors, à costé du pavillon,
vers la rivière, auquel est le petit bureau, icelluy lier de bonnes liaisons suffisantes
comme l'ouvrage le mérite, du costé de la vis dudict hospital, conserver en icelluy les
retraictes, ressaulz et retours d'ornements, comme l'aultre mur garny de sa dalle au dessus, faicte de pierre de liaiz semblable à l'aultre pavillon, pour retirer les eaues de derrière et icelle conduire dans les gargouilles qui doibvent estre sur le costé de la Grève,
esliger au dedans de l'espoisse d'icelluy mur les thuiaux des cheminées pour servir à
quatre estages, sy par les sieurs prevost des marchans et eschevins il est ainsi commandé,

soit pour servir du costé dudict hostel, ou du costé de la maison dudict hospital, ledict mur faict à parement, tant d'ung costé que d'aultre, sy le lieu le peult permettre ; ensemble conserver les huisseryes telles et aux lieux qu'il sera commandé, auquel mur à la haulteur que advisé sera pour le mieux, sera esligy ung encorbellement de pierre dure de Clicquart, de deux pieds et demy à trois pieds de hault et de trois pieds et demy de face, et deux pieds et demy de saillye pour porter les poultres qui serviront de platte forme sur le derrière dudict pavillon pour rendre les couvertures desdictz pavillons cimétriez, comme au semblable sera faict sur le mur de ladicte église à l'advancement dudict pavillon du costé dudict Hostel de Ville, sur le mur de ladicte église sy besoing est.

Item au dessus de la fondation traversante en la chappelle ou église dudict hospital, sera levé les deux contrepilliers désignez par le devis et rapport cy dessus datté, qui seront faictz de pierre dure de Clicquart, depuis le dessus du libiage jusques au dessus de l'imposte de grands quartiers, portant saillye de trois piedz hors le corps du mur, sans comprendre les liaisons qu'il convient mectre dans le corps des murs, le tout taillé proprement, maçonné comme il appartient, moictié desquelles asseizes seront faictes de deux pieds et les aultres d'une pièce portant parpain de trois piedz d'espoisseur, portant moulleures et ornements tant d'ung costé que d'aultre, tant aux tableaux que aux faces telles et semblables que le grand arceau dudict Hostel de Ville, à l'endroit de l'entrée de ladicte église.

Item sera levé au dessus de ladicte imposte le grand arcq qui servira à porter le mur au dessus, servant au pavillon dudict Hostel de Ville, les voulsures duquel arc seront faictz de pierre de taille de Clicquart, de trois piedz et demi de long au moings, et de deux piedz trois quarts d'espoisseur ou parpain, et maçonné comme il appartient, dont les quatre premiers quartiers de voulseure auront leurs litz jaulgez à nyveau et teste par advance en forme de tas de charge, et faire le remplage à costé de ladicte arcade tout de pierre dure, continuer desdictz entrepilliers jusques contre les murs neufs, de pareille forme, structure et façon.

Item au cas que les fondations des murs de ladicte église, qui seront à l'endroit de la fondation de ce que dessus ne se trouvent vallables, seront desmolies et refaites des espoisses, forme, structure et façon que la fondation traversante dans ladicte chappelle.

Item, et en faisant lesdicts murs, sera tenu l'entrepreneur faire les advancements ou encorbellemens en saillye, pour porter les advencemens et tas de charge des arcs, doubleaux, ogives, formeretz, traverses et liarnes pour la voulte sur l'église à l'endroit dudict pavillon neuf, pour porter les arcs à haulteur de la salle dudict Hostel de Ville, le tout suivant le desseing paraphé au bureau de ladicte ville, le....   jour de....   mil vi^e neuf.

Item convient faire la voulte à l'endroit dudict pavillon au dessus de ladicte chappelle, qui servira à porter le plancher de la chappelle de la ville, à la haulteur de la grande salle dudict Hostel de Ville, qui sera voulté et branchés d'angines selon le desseing, dont les arcs seront faictz de pierre Sainct-Leu, compris les moulleures qui seront faictz ausdicts avec clefs pendantes, selon que advisé sera pour le mieux, parachever les voultes entre lesdicts arcs, angines et doubleaux pendentes de pierre de Saint-Leu,

de quatre à cinq poulces d'espoisseur et de douze à treize poulces de lict, assise et posée
en liaison, le tout maçonné avecq bon mortier de chaux et sable, en faisant lesquelz ar-
rachemens, et tas de charge sera tenu l'entrepreneur iceulx continuer par advancement
de pierre de Sainct-Leu, en forme d'encorbellementz dans les angletz et reins desdictes
voultes jusques à la haulteur du couronnement d'icelle, le tout aussy maçonné avecq
bon mortier de chaux et sable, les mouslures desquelz doubleaux, angines, bercerons,
formeretz et liarnes seront faicts des ordonnances, structures et façon telle que la voulte
du cœur de ladicte église.

Item sera aussi pareillement faict et continué la grande voulte de la chappelle dudict hospital jusques contre le pavillon de la chappelle de la ville, au mur duquel sera
en faisant l'eslevation d'icelluy esligy ung formeret pour la haulteur de ladicte voulte,
laquelle avecq tout ce qui deppend d'icelle sera faict de la mesme forme, façon, construction et ordonnance pareille que la voulte du chœur de ladicte église.

Et pour le regard des murs de ladicte église, à l'endroit dudict ralongement de
voulte, au cas qu'ilz ne feussent trouvez suffisans, bons et vallables, seront refaitz et
rediffiez de neuf, des espoisses qu'ils sont à présent et de pareilles matières que les
aultres murs dudict Hostel de Ville.

Faire et parfaire tous lesdicts ouvrages de maçonnerie et pierre de taille.

Item du costé dudict Hostel de Ville, fault continuer le mur servant de pignon à la
grande salle, ensemble les murs de la viz ronde qui est à l'un des coings dudict pignon,
comme aussy le mur du derrière dudict pavillon, iceulx continuer en amont jusques à
la haulteur que doibvent estre les plattes formes de charpenterie dudict pavillon, sçavoir celluy du costé de la grande salle, de l'espoisseur qui est encommancé avecq la
souche de cheminée telle et semblable que l'aultre pignon.

Item et au dessus du mur du costé du Sainct-Esprit, fault faire l'eslévation des
quatre thuiaux en une souche de cheminée qui sera toute de pierre de Sainct-Leu et de
la forme, structure et façon telle et semblable que l'aultre souche de cheminée du costé
du petit bureau de la ville.

Sera tenu l'entrepreneur faire tous les abbattages et desmolitions qu'il conviendra
des maçonneries nécessaires à desmolir, mesner tous les gravois aux champs et rendre
place nette : et quant aux bons matériaux qui proviendront des desmolitions des murs
des appartenances dudict hospital, demeureront au proffit des maistres et gouverneurs
d'icelluy, à la charge de les faire oster promptement à leurs frais, et sy surplus y a, demeureront au proffit de l'entrepreneur.

Tous lesquelz ouvrages de maçonnerye et pierre de thaille seront faictz et parfaicts
deuement au dire du maistre des œuvres de la ville et aultres à ce congnoissans, que
lesdicts sieurs de la ville voudront nommer et commettre, lesquelz estans faicts et parfaicts seront toisés et mesurez aux us et coustumes de Paris, sans qu'il soit aucune
chose compté, toisé, prisé ny esvallué pour les mouslures, corps, saillyes ou aultres
saillyes quelle qu'elle soit ; néantmoings sera tenu l'entrepreneur les faire selon la
forme et structure tant des aultres bastiments dudict Hostel de Ville que du Sainct-
Esprit, moiennant le pris et somme de soixante et cinq livres tournois pour chacune thoise desdicts ouvrages thoisés comme dessus est dict, seront touttesfois thoisez
les doubleaux des voultes et les branches d'ogives et les lyarnes pour un pied courant.

De par les prevost des marchans et eschevins de la ville de Paris :

On faict assçavoir que les ouvrages de maçonnerie cy devant mentionnés seront baillés au rabaiz et moings disant, à l'extinction de la chandelle, et sur le pris de soixante et cinq livres tournois la thoise, vendredy prochain, quatre heures de relevée, au bureau de la ville, aux charges et conditions mentionnées par le devis cy devant transcript, et y seront toutes personnes receues à y mectre rabais. Faict au bureau de la ville le mercredy viiie avril, mil six cens neuf.

Signé : Parfait et Lambert.

L'an mil six cens neuf, le vendredy dixiesme jour de avril, les ouvrages de maçonnerie ont esté publiés au grand bureau de la ville, et pour ce qu'il ne c'est présenté aulcunes personnes avons remis ladicte publication au lundy en suivant et ordonné nouvelles affiches estre mises, ce qui a esté faict.

Et ledict jour de lundy treiziesme avril, sur les cinq heures de relevée, en la présence de messieurs les prevost des marchans et eschevins et Pierre Guillain, maistre des œuvres de ladicte ville, lesdicts ouvrages de maçonnerie mentionnez au devis cy devant transcript, ont esté publiez estre à faire et baillez au rabais et moings disant, à l'extinction de la chandelle, sur le pris de soixante cinq livres tournois la thoise, à la charge par l'entrepreneur de faire iceulx ouvrages bien et deuement conformément audict devis, et de bailler bonne et suffisante caultion tant des deniers qu'il recevra que de rendre ladicte besogne bien et deuement faicte ; et a esté déclairé aux assistans le rabais estre de vingt solz tournois sur thoise et ont esté présens à la lecture et publication dudict devis, et à l'instant Charles David et Marin de Lavallée, jurez du roy en l'office de maçonnerye, Robert Pierre, Louis Ricquette, Martin Boullé, Sébastien Jacquot, Lois Slepe et Antoine Desnotz, tous maistres maçons à Paris.

Et à l'instant a esté allumé la chandelle, à l'extinction de laquelle ledict Martin Boullé a mis rabaiz de vingt sols sur icelle besoigne et a, en ce faisant, entrepris de faire iceulx ouvrages conformément à ce que cy devant est dict, moiennant la somme de soixante et quatre livres tournois la thoise.

Comme aussy c'est présenté Marin de Lavallée, lequel a déclaré que pour le désir qu'il a de servir la ville et continuer la besoigne qu'il a commancé, a entrepris de faire les ouvrages portez par ledict devis cy devant transcript, moiennant cinquante huict livres tournois la thoise ; et pour ce que au dessoubz dudict Lavallée personne n'a voullu mectre rabaiz et qu'il a esté allumé plusieurs chandelles, avons audict de Lavallée, comme moings disant et dernier enchérisseur, adjugé et adjugeons lesdicts ouvrages cy devant transcripts, moiennant ledict pris et somme de cinquante huict livres tournois la thoise, qui luy seront paiez par le recepveur de la ville au feur et à mesure qu'il travaillera, et selon nos ordonnances et mandemens ; et sur lesquels ouvrages sera payée par advance audict Lavallée la somme de quinze cens livres tournois, à la charge de faire bien et deuement iceulx ouvrages conformément audict devis, et au dire du maistre des œuvres de la ville et aultres gens ad ce cognoissant, et de travailler et faire travailler incessamment et sans discontinuation, et de bailler bonne caultion tant des deniers qu'il recevra que de rendre sadicte besoigne bien faicte comme dessus.

Signé : Sangin, Parfait, Charbonniere, Lambert, Cormeno, de Lavallée.

Du vendredy, dix-neufviesme juin mil six cens neuf.

Est comparu au bureau de la ville Marin de Lavallée. juré du roy en l'office de maçonnerie, entrepreneur des bastiments de l'Hostel de ladicte ville, lequel, suivant l'adjudication à luy faicte desdicts ouvrages et cy devant mentionnez, a présenté pour caultion Jehan Ponsart, maistre maçon à Paris. demeurant rue du Temple, paroisse Sainct-Nicolas-des-Champs, lequel à ce présent a pleigé et caultionné ledict de Lavallée, tant de rendre ladicte besoigne bien et deuement faicte que les deniers qu'il recevra, et a faict les submissions acoustumées, lequel Ponsart a déclaré que la maison en laquelle il est demeurant luy appartient, comme aussy ledict de Lavallée a déclaré luy appartenir la maison en laquelle il est demeurant, seize, rue Beaubourg. au cul-de-sacq.

Signé : J. Ponsard et M. de Lavallée.

Nous avons ladicte caultion reçeue et la recevons par ces présentes.

Signé : Parfaict.

————

4 FÉVRIER 1610

ACCORD ENTRE LES OFFICIERS MUNICIPAUX ET MARIN DE LA VALLÉE POUR LA CONFECTION DU BATIMENT DU SAINT-ESPRIT

(Reg. de la ville.)

Aujourd'huy, aprés avoir eu l'avis de Pierre Guillain. maistre des œuvres de maçonnerie de ladicte ville, a esté arresté avec Marin de Lavallée, juré du roy, en l'office de maçonnerie et entrepreneur des bastimens de l'Hostel de la ville, que ledict de La Vallée continuera promptement la maçonnerie du pavillon du costé du Sainct-Esprit, lequel pavillon icelluy de La Vallée a promis et promet rendre faict de maçonnerie à haulteur pour mettre les plattes-formes de charpenteries dessus, dedans le quinziesme jour de may prochainement venant, et du jour que ladicte charpenterie sera posée ung mois. rendra les thuiaulx des cheminées et lucarnes eslevées, et sera, ledict de La Vallée, payé par chacune sepmaine de la besongne qu'il aura faicte la sepmaine, laquelle à ceste fin sera thoisée par ledict Guillain. lequel marquera ladicte besongne en l'estat qu'elle est à présent, pour recongnoistre la besongne que ledict de La Vallée aura faict la sepmaine pour en estre payé ; et oultre a esté arresté de bailler et payer comptant à icelluy de La Vallée, et par advance, la somme de six cens livres que luy demeurera en fonds, pour la provision de ses matériaulx, laquelle somme ne luy sera rabattue que lorsque sa besongne sera faicte, ou que l'on fera un thoisé général, et sans que ledict de La Vallée puisse faire aucune abbattaige ny ouvrages aux murs de l'église du Sainct-Esprit ny ailleurs, sinon ceulx qui luy seront désignez et baillez par escript, le tout sauf les prétentions tant de ladicte ville que dudict de La Vallée, pour les ouvrages par luy cy-devant faicts et dont il prétend luy estre deub des deniers.

Faict au bureau de la ville, le jeudy, quatriesme jour de febvrier mil six cens dix.

— — — —

10, 12, 18, 22, 25 SEPTEMBRE ET 2 OCTOBRE 1618

DEVIS DES OUVRAGES DE MAÇONNERIE
DU COTÉ GAUCHE DE LA GRANDE COUR DE L'ANCIEN HOTEL DE VILLE
MARCHÉ AVEC MARIN DE LAVALLÉE

(Reg. de la ville.)

Devis des ouvrages de maçonnerie et pierre de taille qu'il convient faire pour messieurs les prévost des marchans et eschevins de ceste ville de Paris, en la construction des murs, pilliers, voultes et arase de ciment, à l'endroict de la cour dudict Hostel de Ville.

Premièrement : convient fouiller les fondations au travers de ladicte court, et ce aulx lieux et endroictz dont alignement sera donné par escript à l'entrepreneur par le maistre des œuvres, et ce en nombre de six, lesquelles auront trois piedz et demy d'espoisseur au moings, enfoncée jusques à vif fonds, jugée et mesurée par iceluy, icelle remplie de deux assizes de libages joinctifz en fondation, le residu remply de mouellon avecq mouellon, avec mortier de chaulx et sable, y ayant encore une assize de libage aussy joinctifs au rez de chaulcée et qui luy sera marqué ainsi que dessus.

Item, et à l'alignement du devant au derrière de ladicte court, convient aussi fouiller six autres fondations de pareille espoisseur, forme et façon ainsy que dessus, et ce pour entretenir le ploiement des pilliers cy après déclaré, ensemble supporter les séparations qu'il y conviendra et escherra de faire des espoisses comme il sera advisé, et que le lieu le pourra requerir.

Item, au dessus des fondations cy dessus convient eslever telle quantité de pilliers de pierre de taille de Clicquart dur de deux piedz, et une pièce à parpin et parement des quatre faces, de deux piedz d'un sens et trois piedz de l'autre, iceulx eslever de haulteur qu'il sera disposé jusques et compris la première et seconde retombée des voultes mesmes à l'endroict des contrepilliers, qui sera adossée dans les maçonneries qui y sont de present, le tout assis et maçonné comme il appartient, avecq mortier de chaulx et sable, et chacun d'iceulx maçonnez de libage en fondation au total, à l'endroict de chacun pillier.

Item, au dessus des susd. pilliers et contrepilliers convient faire et continuer les voultes en general de ladite court, lesquelles seront à crestes et lamettes, le tout de pierre de taille de Cliecquart dur, lesquelles auront quinze à dix-huict poulces de lez, deux piedz de long au moings, assizes et maçonnées avec mortier de chaulx et sable, les rins rempliez de moislon dur, avecq pareil mortier, le tout rendu araze jusques et à la haulteur qu'il sera prescript à l'entrepreneur ainsy que desire.

Item, au dessus de l'araze cy devant déclarée, en la totalité de ladite court, convient faire et mettre ung aire de ciment avecq chaulx, laquelle portera douze à quinze poulces d'espoisseur, pour estre icelle pillée et battue par espace de temps, et reduict en telle sorte qu'il reste poinct ou peu d'humidité.

Item, aux endroictz qu'il sera advisé pour le mieulx, l'entrepreneur sera tenu fournir quatre pièces de liais ou Cliecquart dur, de trois à quatre piedz en quarré, taillées en noue ou enter, pour estre mis à l'endroict de chacune des chustes d'eau de la susditte cour, et au milieu desquelles seront inculpées certaines testes de masques propres à tel effect, en conservant par l'entrepreneur, dans les voultes et autres lieux, certain encastrement de huict à dix poulces, pour y estre mis des thuiaulx à tel effect.

Item, l'entrepreneur sera tenu continuer d'aracher le vieil mur qui reste sur les lieux, icelluy mettre et faire porter au lieu qui luy sera marqué par le susd. officier, en s'aidant de demolitions du vieil perron et mur qui separoit les deux cours.

Tous lesdictz ouvrages bien et deuement faicts au dire et disposition dudict maistre des œuvres, thoisée selon la coustume de ceste prévosté et vicomté de Paris, en rendant par l'entrepreneur le tout faict et parfaict dans le plus bref temps que faire ce pourra, et faisant vuider et mener aulx champs les terres et gravois provenans des fondations et autres, pour rendre le tout à haulteur de dessoubz du pavé qui en est à present.

Faict et présenté par nous, Augustin Guillain, maistre des œuvres d'icelle, au bureau de la ville, le dixiesme septembre mil six cens dix-huict.

Signé : Guillain.

De par les prévost des marchans et eschevins de la ville de Paris.

On faict assavoir que les ouvrages de maçonnerie et pierre de taille mentionnées par le devis cy-devant transcript, seront baillées à faire à la thoise ou en bloc, au rabaiz et moings disant, à l'extinction de la chandelle, mercredy prochain douziesme du present moys, trois heures de relevée, au bureau de la ville, aux charges cy-dessus déclarées ; et y seront touttes personnes receues à y mectre rabaiz.

Faict au bureau de la ville, le lundy dixiesme jour de septembre mil six cens dix-huict.

Du mercredy, douziesme jour dudict moys de septembre,
mil six cens dix-huict.

Ledict jour de relevée, les ouvrages de maçonnerie et pierre de taille mentionnés au devis cy-devant transcript, ont esté publiez au grand bureau de l'Hostel de ladite ville, estre à bailler à faire au rabaiz et moings disant, à l'extinction de la chandelle, à la thoise ou en bloc, selon que l'on feroit la condition de la ville meilleure; et faulte d'enchérisseurs a esté lad. publication remise au samedy quinziesme dud. moys, et ordonné nouvelles affiches estre mises.

Ledict jour de samedy quinziesme septembre de rellevée, lesd. ouvrages ont esté derechef publiez en noz présences du procureur du roy de la ville et d'Augustin Guillain, maistre des œuvres d'icelle ville, ou c'est présenté Marin de la Vallée, juré du roy en l'office de maçonnerie, qui a entrepris de faire lesdits ouvrages, moyennant trente trois livres tournoys la thoise, ou à dix huict mil livres en bloc.

Par Jehan Antissier, aussy juré du roy en l'office de maçonnerie, à trente livres tournoys la thoise.

Et ne s'estant présenté autres personnes pour mettre rabaiz, aurions remis ladicte publication au mardy ensuivant xviiie dud. moys, et ordonné nouvelles affiches estre mises.

Du mardy, dix-huictiesme d'icelluy moys de septembre.

Ledict jour de rellevée, iceulx ouvrages ont derechef esté publiez estre à faire au rabaiz et moings disant, à la thoise ou en bloc, ou c'est présenté Nicolas Caillon, maistre maçon, à Paris, demeurant rue Daulphine, qui a entrepris de faire lesdits ouvrages bien et deuement conformément audit devis, moyennant la somme de seize mil livres tournoys en bloc, ou à vingt neuf livres tournoys la thoise, sans qu'il soit rien compté ny thoisé pour les crestes, suivant la publication présentement faicte à ceste fin.

Par Thomas Taffany, maistre maçon, demeurant rue de Poictou, à l'image Saint-Jehan, à vingt-sept livres tournoys la thoise.

Et pour ce qu'il ne s'est présenté autres personnes pour mettre rabaiz au dessoubz dud. Taffany, avons remis la publication à samedy prochain.

Advenu lequel jour de samedy vingt deuxiesme septembre de rellevée, lesd. ouvrages ont esté de rechef publiez en présence dud. Taffany et autres maçons, qui n'auroyent mis aucun rabaiz, encores qu'il aye esté allumé la chandelle, au moyen de quoi avons remis ladicte publication et adjudication au mardy ensuivant vingt-cinquiesme dud. moys, et ordonné nouvelles affiches estre mises tant à la maison de l'escriptoire que autres lieux accoutumez.

Du mardy, vingt-cinquiesme jour dudit mois de septembre,
mil six cens dix-huict.

Ledict jour de rellevée, avons en noz présences dudict procureur du roy de la ville et dud. Guillain, faict publier derechef les ouvrages de maçonnerie et pierre de taille qu'il convient pour faire les voultes de la cour de l'Hostel de la ville, le tout mentionné par le devis cy-devant transcript, estre à bailler à faire au rabaiz et moings disant, à l'extinction de la chandelle, à la thoise ou en bloc, à la charge par l'adjudicataire de faire lesdictz ouvrages bien et deuement, au désir et conformément aud. devis et au plan représenté qui est signé et paraphé par le greffier de ladicte ville, et au dire dud. Guillain, maistre des œuvres, et autres gens ad ce cognoissans, lesquelz ouvrages seroient thoisez suivant la coustume, sans qu'il soit rien compté pour les errestes, mesme ledict entrepreneur sera tenu de faire l'esgout des eaues de ladicte court comme il est désigné par led. plan, et où cy-après l'on le vouldra changer, icelui entrepreneur sera tenu de les faire selon qu'il lui sera ordonné sans que pour ledict changement il puisse prétendre ny demander aucun surcroist ny rescompense quelconque.

A touttes lesquelles charges et conditions s'est présenté ledit Marin de la Vallée, qui a entrepris de faire iceulx ouvrages en bloc, moyennant le pris et somme de quinze mil six cens livres tournoys.

Ce faict a esté allumé la chandelle et déclaré aux maçons et assistans que nous allons procedder à l'adjudication desd. ouvrages en bloc, et declarer le rabais estre de cent livres, laquelle chandelle esteinte en a esté allumé une seconde, puis une troisiesme.

Au moyen de quoy et attendu qu'il ne s'est présenté aucunes autres personnes pour mettre rabaiz au dessoubz dudict de la Vallée, ny faire la condition de la ville meilleure que luy, et que toutes les solempnitez à ce requises ont esté gardées et observées, avons, audict Marin de la Vallée, adjugé et adjugeons par ces présentes lesd. ouvrages en bloc moyennant les pris et somme de quinze mil six cens livres tournoys, qui luy sera payée par le receveur du domaine, dons et octroys de lad. ville, des deniers à ce destinez, au feur et à mesure qu'il travaillera, et selon noz ordonnances et mandements, à la charge par iceluy de la Vallée de faire les ouvrages bien et deuement, conformément audict devis et plan et au dire dudict Guillain, maistre des œuvres de lad. ville, et autres gens ad ce cognoissans, et de satisfaire entierement à toutes les clauses, charges et conditions cy-devant spécifiées, mesme de bailler bonne et suffisante caultion, tant des deniers qu'il recepvra que de rendre sad. besogne bien et deuement faicte comme dessus, dedans le jour Saint-Jehan-Baptiste prochainement venant.

Du deuxiesme jour d'octobre, dudict an mil six cens dix-huict.

Est comparu au bureau de la ville ledict Marin de la Vallée, entrepreneur des ouvrages de maçonnerie et pierre de taille qu'il convient faire dans la court de l'Hostel de lad. ville, suivant le devis cy-devant transcript, lequel a présenté pour caution tant des deniers qu'il recevra, que de rendre lad. besogne bien et deuement faicte, Jehan Poussard, maistre maçon à Paris, demeurant aux marais du Temple en la place de France, lequel à ce présent a pleigé et cautionné led. de la Vallée, tant des deniers qui seront par luy receuz, que de rendre lesdictz ouvrages bien et deuement faictz suivant ledict devis, et a faict ses submissions accoustumées, et a led. de la Vallée déclaré luy appartenir la maison en laquelle il est demeurant, dans le cul-de-sac de la rue de Beaubourg, et deux autres maisons neuves dans la rue de la Baudroirye, et led. Poussard la maison en laquelle il est demeurant cy-dessus, demeurant et déclarée, et une autre maison rue des Juifs, nous avons lad. caution receue.

Signé : POUSSARD et DE LA VALLÉE.

II

EXTRAITS DES REGISTRES DE COMPTES

DE 1839 A 1854

Quelques registres de comptes ont pu être sauvés de l'incendie grâce à une circonstance toute particulière. Peu de temps avant les événements de mai, ils avaient été transportés dans les magasins de la ville de Paris, quai Henri IV, pour être vendus au poids ou mis au pilon. L'archiviste actuel eut l'heureuse idée de les réclamer avant leur mise en vente et de les réintégrer dans les nouvelles archives de la ville, dont ils forment pour ainsi dire le noyau. Nous avons dépouillé avec le plus grand soin ces registres pour y trouver quelques indications relatives aux œuvres d'art commandées pour l'Hôtel de Ville ; malheureusement dans la collection il manque les registres de quelques années de la période où ont été exécutés les grands travaux d'agrandissement et de décoration du palais municipal. Néanmoins nos recherches n'ont pas été infructueuses et nous avons pu recueillir beaucoup de renseignements très précieux. Nous avons utilisé pour l'inventaire détaillé, salle par salle, les notes qui contenaient des indications précises. Quant aux autres, nous croyons devoir les reproduire dans cet appendice. Bien qu'ils aient un caractère un peu vague et qu'ils soient forcément incomplets, ces comptes n'en constituent pas moins des documents intéressants pour l'histoire artistique de l'Hôtel de Ville de Paris :

1839

Plantar, sculpteur.	22.000 fr. 00
Lequien, sculpture	3.600
Marneuf et Combettes, sculpture	65.325
Dubois, sculpteur	20.986
Caudron, sculpteur	14.522
Margis, sculpteur	4.129
Vve Bex et fils, stucateurs	27.729
— sculpture et marbrerie	250.894

1840

Wallier et Hubert, sculpture.	9.950 fr.	00
Besnier Biés, sculpture	24.338	»
Brian jeune, statuaire : deux bas-reliefs des archi- voltes du pavillon neuf de l'Hôtel de Ville . .	3.000	»
Marneuf et Combettes, sculpture, ornements exté- rieurs	4.800	»
Plantar, sculpture, cheminées des grands apparte- ments acompte.	12.900	»
Vallet et Hubert, décoration extérieure des bâti- ments neufs.	12.450	»
Simart, sculptures de bas-reliefs aux archivoltes de la cour ouest, 2ᵉ étage.	3.000	»
Bin, sculpture, décoration extérieure	2.900	»
Bourdet, sculpture, décoration extérieure	800	»
Seurre, sculpture, deux bas-reliefs aux archivoltes du rez-de-chaussée, pavillon ouest	3.000	»
Bries, sculpture.	5.200	»
Besnier, sculpture.	5.200	»
... ...	58.626	»
.. —	54.107	88
... .	289	88
Douvre .—	96.427	
Lachaize, peintures décoratives.	7.812	50
— —	480	»
Lequien, sculpture	1.750	»
Marbrerie	8.386	
Marbrerie	22.336	
Sculpture	232.719	51
Marga. Derre. Delafontaine, sculpture	33.396	

1842

Peintures décoratives.	Dieterle . . . . Séchan . . . . Feuchères . . . . Desplechin.	4.200	
Wallier Hubert, sculpture		7.606 36.622 7.206	35
Lechesne, sculpture.		16.647 8.456	

Marbrerie. . . . . 9.591 fr. 00
Sculpture. 16.658 48
Sculpture. . . . . 10.511 »
Bosio neveu, sculpture . . . . 3.604 »

1843

Sculpture . . . . 23.075 »
Sculpture 33.946
Sculpture . . . . 13.837 »
Sculpture . . . . 1.222 »
Marbrerie 38.619
Bosio neveu, sculpteur . . . . 7.450 »
Dubois, sculpture. . . . . 32.626 »
Marga, sculpteur . . . . 4.649 »
Plantar, sculpteur, décoration extérieure . . . . 45.841 »
Caudron, sculpteur, décoration extérieure. . . . 34.386 »
Mallet, sculpteur, décoration extérieure . . . . . 5.400 »
Marneuf et Combettes . . . . 84.408 »
Plantar, cheminées de grands appartements . . . . 19.092 »
Bex fils, stucateur, décoration intérieure . . . . . 28.819 »
Bries et Besnier, sculpture en carton pâte pour
    la décoration intérieure, côté du quai . . . . 64.330 »
Langlois, marbrier, divers travaux. . . . . 6.090 »
Bosio neveu, sculpteur, divers travaux 3.070
Bernard, marbrier, divers travaux . . . . 21.887 »

1844

Duvieux, sculpture 3.362
Hurel et Cie, sculpture en pierre factice . . . . . 5.700 »
Mallet et Hubert, sculpture en carton pierre . . . 32.759 »
Bosio neveu, sculpture. . . . . 6.000 »
Plantar, sculpture. . . . . 26.223 »
Mallet, sculpture 8.308
Marneuf et Combettes. 69.718 24

1845

Langlois, marbrier 14.000
Plantar, sculpteur. 17.974
Marneuf et Combettes, sculpteurs 51.539

Duvieux, sculpteur . . . . 2.372 fr. 00
Mallet, sculpteur . . . . 5.956 »
Wallet et Hubert, sculpteurs sur carton pierre. . . 23.050 »
Mozel, marbrier . . . . 2.136 »
Marga, sculpteur . . . . 2.660 »
Langlois, marbrier, chargé du revêtement en marbre
   des piédestaux de l'attique de la salle des fêtes 20.538 »
Marneuf et Combettes, sculpteurs. . . . . 26.000 »
Langlois, marbrier . . . . 20.000 »
Mazel, marbrier . . . . 14.133 »
Wallet et Hubert, sculpture sur carton pâte . . . . 5.000 »
Bies et Besnier, sculpture sur carton pâte . . . . . 16.000 »
Plantar, sculpteur. . . . . 9.000 »
Thomas, doreur (1er acompte . . . . 9.000 »
Plantar, sculpteur, gravure des noms des person-
   nages représentés par les 12 statues de l'Hôtel
   de Ville . . . . 154 »
Feuchères, fabricant de bronzes, 1 pendule, 2 can-
   délabres, 4 lustres pour le salon du roi . . . . 10.400 »
V⁰ Bex et fils, stucateurs. . . . . 41.100 »
Fischer, ébéniste, meubles pour le salon du roi . . 4.894 »
Marneuf et Combettes, sculpteurs, meubles pour le
   salon du roi . . . . 4.990 »
V⁰ Bex et fils, stucateurs, décoration de la salle des
   fêtes . . . . 30.000 »
Vittoz, bronzes d'art. . . . . 3.455 »
Hurel et Cⁱᵉ, sculptures sur pierre. . . . . 7.250 »
Durieux, sculptures sur pierre . . . . 28.791 »
Marneuf et Combettes, sculptures sur pierre. . . . 13.078 »
Plantar, sculptures sur pierre. . . . . 16.198 »
Bex, sculptures sur pierre . . . . 124.430 »

1846

Sculpture. . . . . 60.822 »
Marbrerie . . . . 29.965 »

1847

Marbrerie . . . . 5.783 »
Sculpture. . . . . 24.542 »
Sculpture. . . . . 12.134 »

1848

Sculpture. . . . .   11.000 fr. 00

1851

Duret. 8 figures en bas-relief et 4 médaillons dans
le haut des grands escaliers des fêtes .   . . .   15.000   »

1854

Hubert frères, sculpture en carton pâte pour décoration de la salle des fêtes . . . .   5.134   »
Gallois et Peignant, sculpture en carton pâte pour
décoration de la salle des fêtes . . . .   9.013   »
Caudelot, stucs . . . .   3.941   »
Bex, stucs . . . .   20.000   »
—   —   . . . .   6.331   »
Potier, peinture (la voussure) . . . .   9.350   »
  —   peinture (plafond) . . . .   6.940   »
  —   peinture (salon de l'empereur) . . . . . .   12.263   »
Construction d'un nouvel escalier sur l'emplacement
de la cour de l'octroi : sculptures et cariatides.   4.800   »
Travaux de peinture. . . . .   7.995   »
Peintures décoratives exécutées dans le salon de
l'empereur et encadrant le plafond d'Ingres, par
Laurent-Jan, 12, rue de Navarin.   896   »
Pose du tableau d'Ingres, par Haro. . . . .   1.756   »
Acquisition de dix exemplaires de la collection de
peintures exécutées par M. Lehmann à la salle
des fêtes, photographies . . . .   3.000   »

III

EXTRAIT DU RÉSUMÉ STATISTIQUE

DES RECETTES ET DES DÉPENSES DE LA VILLE DE PARIS, DE 1797 A 1840

PAR MARTIN SAINT-LÉON

Art. 1er. — Isolement et agrandissement de l'Hôtel de Ville. Le bâtiment de l'Hôtel de Ville, tel que nous l'avons vu commencé en 1533 et terminé seulement en 1605, étant devenu tout à fait insuffisant pour les services d'une ville aussi importante que Paris, le conseil municipal en a voté l'agrandissement le 25 mars 1836, d'après les plans dressés par MM. Godde et Lesueur, architectes.

Il fallut, en premier lieu, acheter des maisons particulières qui devaient se trouver occupées par le nouveau périmètre du monument et par ses abords. Ces acquisitions ont coûté 2,863,434 fr. 87 c. portés en dépense au chapitre XXVII. de *l'agrandissement de la voie publique* tableau 40, art. 7 . Quant aux constructions et aux autres travaux, une somme de 5,650,608 fr. 62 c. figure au tableau 36 comme payée, de 1836 à 1840, pour la dépense de cette grande entreprise non encore terminée. Voici quel en a été l'emploi :

Travaux d'architecture.	5.014.978	fr. 00
Frais d'agence.	130.755	40
Ameublement et décoration.	307.339	»
Déménagement et installation des bureaux.	98.072	22
Location d'un chantier.	785	»
Acquisition d'une maison rue des Prêtres-Saint-Jean, qui appartenait à la fabrique Saint-Gervais.	98.679	»
Total.	5.650.608	fr. 62

Pour se rendre compte de ce que pourra coûter l'agrandissement de l'Hôtel de Ville, il faut, aux deux sommes ci-dessous, formant ensemble 8,514,043 fr. 49, ajouter 1,817,479 fr. 66, payés en 1841, plus, environ 3 millions dépensés depuis cette dernière année, et enfin 3 autres millions nécessaires pour terminer les travaux; on arrivera à un total de plus de 16 millions. Mais il faut reconnaître que le nouvel Hôtel de Ville constitue aujourd'hui un des plus beaux monuments de la capitale. Les appartements du préfet, placés dans l'aile du midi, faisant face à la Seine, dont ils sont séparés par un beau quai et par un joli jardin en hémicycle, sont décorés avec une élégance exquise. Au levant, les galeries d'apparat offriront aussi une grande magnificence ; on y arrive par un escalier à double développement, d'un style grandiose et dont on citerait peu de modèles.

Ajoutons que tous les services municipaux seront réunis dans ce vaste bâtiment. Les bureaux de la préfecture sont déjà en grande partie placés dans la façade et dans les pavillons du Nord. On y trouvera la caisse municipale, l'octroi, la caisse de Poissy, le poids public, etc., etc., tandis que tous ces établissements étaient jadis disséminés dans Paris et souvent à des distances considérables. Il y aura : salles d'assemblée et dépendances pour le conseil de préfecture, pour le conseil municipal et pour le conseil général des hospices, un local pour la bibliothèque, un emplacement spacieux pour les archives, et d'immenses magasins dans l'étage demi-souterrain qui sert de soubassement à l'édifice.

IV

PROCÈS-VERBAL

DE LA VISITE DES RUINES DE L'HOTEL DE VILLE FAITE LE 19 JANVIER 1872
PAR LE CONSEIL DES TRAVAUX D'ARCHITECTURE

Le conseil se trouve réuni à huit heures et demie sur le chantier de l'Hôtel de Ville.

Tous les membres sont présents; l'architecte et le vérificateur de l'Hôtel de Ville assistent également à la réunion.

Le conseil commence par visiter les fouilles pratiquées suivant les décisions prises à la dernière séance, aux deux extrémités et au centre de la façade ancienne.

Il résulte de cet examen que le niveau du trottoir actuel se trouve en contre-haut de l'extrémité inférieure du socle ravalé sur lequel l'Hôtel de Ville de Boccador était monté :

1° De 1^m,17 à l'extrémité sud ;

2° De 0^m,30 à l'extrémité nord.

La fouille centrale pratiquée trop près de l'ancien perron n'a pas donné de résultat positif. Mais ce perron, composé de six marches de 15 à 16 centimètres, avait une hauteur totale de 0^m,80 en plus, la moyenne des deux côtés extrêmes ne donnant que 0^m,735.

On sait en outre que le niveau du sol, au droit de la façade, a dû être sensiblement baissé lors du percement de la rue de Rivoli et que la pente vers la Seine, de l'ancienne place de Grève, était très rapide.

En définitive, la moyenne de surélévation du sol est au plus de 0^m,75, y compris le double trottoir qui règne sur toute la façade de l'Hôtel de Ville et qui doit être considéré comme faisant corps avec l'édifice, ce qui diminue de 0^m,25 la surélévation.

Le conseil procède ensuite à la visite générale de l'édifice, fondations, caves, façades sur les places et sur les cours intérieures.

Les parties de l'édifice pouvant être conservées en vue d'une restitution pure et simple de l'Hôtel de Ville, tel qu'il existait avant l'incendie, sauf les modifications déjà indiquées par le conseil, sont considérables.

1° FONDATIONS ET CAVES

Les fondations et les caves sont absolument intactes, sauf quelques dégradations superficielles très peu importantes à l'angle de la rue de Rivoli et de la place Lobau. Les constructions sont établies dans des conditions toutes particulières en raison du voisinage de la Seine et des difficultés des fondations ; les murs ont, en moyenne, plus de 2 mètres d'épaisseur.

2° FAÇADES INTÉRIEURES ET EXTÉRIEURES

Façade de la rue de Rivoli.

Le soubassement jusqu'à l'appui des fenêtres du premier étage entresolé, une grande partie des pavillons d'angle peuvent être intégralement conservés.

Façade sur la rue Lobau.

La totalité est à conserver, sauf les moins-values relativement très peu importantes, pour restaurations partielles.

Façade sur le quai.

Cette façade peut être conservée sur toute la longueur, y compris les pavillons d'angle jusqu'au-dessous des assises du premier étage entresolé.

Façade principale.

Les pavillons d'angle jusqu'au deuxième étage inclusivement et les parties en arrière-corps jusqu'aux assises des fenêtres de l'entresol sont à conserver, sauf les arcades centrales.

Pour la façade de Boccador, il est possible de procéder à une restauration analogue à celle du château de Blois, qui coûtera peut-être aussi cher qu'une reconstruction, mais qui permettra de conserver dans leur pureté les plus précieuses des sculptures de l'œuvre du maître.

Façade sur la cour des bureaux.

On peut conserver le pavillon du fond jusqu'au-dessus du premier étage et la façade du côté de la place de l'Hôtel de Ville, sauf les rez-de-chaussée à construire en sous-œuvre.

Façade sur la cour Louis XIV.

Il n'y a rien à conserver. Tout est détruit.

Façade sur la cour du préfet.

La façade parallèle à la façade principale peut être conservée entièrement.

Façade parallèle au quai.

Les trois travées attenant à la façade ci-dessus et le soubassement sur toute la longueur jusqu'à l'appui des fenêtres de l'entresol peuvent être conservés.

La façade située en face, déplacée en partie par l'explosion, est à démolir ; mais les matériaux peuvent cependant être tous réemployés.

Le pavillon, au fond, jusqu'au-dessus du premier étage, est à conserver.

3° INTÉRIEUR

Toute la salle Saint-Jean et les vestibules y attenant, les escaliers et la salle des fêtes jusqu'au haut du premier étage peuvent être conservés.

M. le vérificateur de l'Hôtel de Ville est invité à procéder à l'évaluation de la valeur de ces diverses parties de la construction.

Le conseil émet, à l'unanimité, l'avis qu'il y a lieu de procéder, sans la démolir, à la restauration de la façade du Boccador dont les élégants motifs de décoration sont presque tous intacts. Des travaux du même genre, présentant même des difficultés plus grandes encore, ont produit au château de Blois les résultats les plus satisfaisants. A prix égal et même supérieur le conseil insisterait pour la conservation de la décoration originale que les sculpteurs d'ornement ne sauraient rendre avec la finesse des artistes de la Renaissance.

Il est probable, d'ailleurs, que la restauration sera moins coûteuse qu'une réfection complète. La visite attentive qu'il vient de faire des ruines de l'Hôtel de Ville ne peut que déterminer le conseil à persister dans les conclusions du rapport présenté en son nom par M. Duc, conformément aux conclusions de la sous-commission spéciale chargée d'examiner la question de reconstruction de l'Hôtel de Ville, à savoir :

Reconstruction de l'Hôtel de Ville dans les conditions primitives où MM. Godde et Lesueur l'avaient construit, sauf à y apporter les modifications et améliorations jugées nécessaires pour le compléter telles que :

Accentuation de la façade ancienne au moyen d'une coloration architecturale différente pour les parties modernes de la façade principale.

Modification des baies des façades latérales en vue de l'éclairage des bureaux.

Modification des dispositions intérieures des bâtiments latéraux du quai et de la rue de Rivoli afin d'obtenir, sans encorbellement et sans sortir du périmètre tracé par les fondations, une galerie de circulation de quatre mètres sur le pourtour intérieur de l'édifice, disposition qui laisserait pour les bureaux et pour les salons des espaces plus que suffisants de onze mètres de profondeur dans les corps de bâtiment les plus étroits.

Le conseil adopte doublement le travail d'estimation des modifications de l'Hôtel de Ville, qui porte sur la valeur des portions de l'édifice à conserver.

Fait et clos le présent procès-verbal après lecture en conseil le 20 janvier 1872, à une heure du soir, dans le local habituel de ses réunions.

TABLE DES CHAPITRES

A. Quantin imprimeur
S. Benoît, 7, à Paris

www.ingramcontent.com/pod-product-compliance
Lightning Source LLC
LaVergne TN
LVHW010934180726
843502LV00004B/962